Mit hundert war ich noch jung

Von Harald Wenzel-Orf

Mit hundert war ich noch jung

Die ältesten Deutschen

Von Harald Wenzel-Orf

war ich noch jung

Mit einem Essay von Günter Kunert

Econ

Harald Wenzel-Orf

Begegnungen mit den ältesten Deutschen

Im Sommer 1999 schlug mir ein Freund vor: „Mach doch mal ein Buch über Hundertjährige!" Das Thema interessierte mich, aber ich wollte nicht nur Hundertjährige fotografieren, sondern die ältesten Deutschen.

Aber wo sind sie zu finden? Wer kennt sie? Kein Amt in Deutschland hat sie erfaßt. Von Freunden und Bekannten kamen Anregungen und Hinweise. Mit dem Empfehlungsschreiben des Econ-Verlages in der Tasche, wandte ich mich an die Stellen, von denen Glückwünsche zu den Altersjubiläen versendet werden: das Büro des Bundespräsidenten, die Staatskanzleien der Länder, Städte- und Gemeindeverwaltungen.

Ein Jahr lang reisten meine Mitarbeiterin Martina Stanscheck, der ich an dieser Stelle besonders danken möchte, und ich immer wieder durch Deutschland. Wir fuhren an Orte, von denen wir wußten, daß Hochbetagte bereit waren, mit uns zu sprechen. Mein Bestreben war, alle Bundesländer zu berücksichtigen, einen Querschnitt durch die sozialen Schichten zu zeigen und die von politischen Ereignissen besonders Betroffenen zu beachten. So findet man im Buch das Schicksal von Wolgadeutschen und Berliner Juden, von Kriegswitwen und -Vertriebenen. Aber auch ein anderer Aspekt war für die Auswahl von Bedeutung: die Vitalität mancher Hundertjähriger, ihr Umgang mit den Problemen des Alterns.

Als wir den 103jährigen Rennsteigwanderer in Saalfeld aufsuchen wollten, fragten wir einen braungebrannten Herrn, der Zeitung lesend in Shorts auf der Terrasse saß,

nach seinem Vater, dem alten Ost. Er war es selbst! Die 107jährige Frau Mergelsberg begrüßte uns: „Möchten Sie einen Sherry mit mir trinken?" Im Klosterstift Bordesholm kann man Anna Dietze nicht leicht finden, sie ist in ihrem Rollstuhl immer irgendwo unterwegs. Auguste Unger ließ uns einige Wochen warten, bis wir sie besuchen durften, sie hatte vor ihrem Geburtstag noch zu viele Termine. Mit 106 Jahren verfaßte sie handschriftlich ihre Biografie. Zu Dr. Köhler, dem ältesten Münchner, mußten wir in höchster Eile reisen, weil er am nächsten Tag in Urlaub fahren wollte.

Die Begegnungen mit den alten Menschen haben bei uns einen starken Eindruck hinterlassen. Das waren nicht einfach Termine, die man abhakt und vergißt. Wir machten immer wieder eine Erfahrung: Man begegnet einem sehr alten Menschen, aber im Laufe des Gespräches wird er immer jünger. Die Bilder werden lebendig, wie er sich vor achtzig Jahren beim Tanz verliebt hat oder wie er nach überstandenem Krieg aus der Heimat vertrieben wurde.

Aber wir haben auch viel Lustiges erlebt. Das schönste Kompliment war die Bitte, doch bald wiederzukommen.

Auf 50 Kassetten sind die Gespräche mit den Ältesten aufgezeichnet, wir haben uns bemüht, den Originalton im Text wiederzugeben.

Ich danke allen, die bereit waren, mich bei diesem Buch zu unterstützen. Aber an erster Stelle gilt mein besonderer Dank denen, ohne die das Buch nicht entstanden wäre: den ältesten Deutschen!

Mit hundert war ich noch jung

Nach der heißen Dusche geht's dann unter die kalte. Haferflocken, Traubenzucker und heiße Milch darüber, zwei Zwieback mit Butter, zwei Löffel Honig und eine Tasse Kakaomilch. Dann gehe ich in die Druckerei zu Fuß, das sind achthundert Meter. Man muß doch in Bewegung bleiben! In der Druckerei lese ich vormittags noch die Korrekturen und setze Plakate, wie ich das schon seit fünfzig Jahren gemacht habe. Am Nachmittag bin ich daheim und lese die Zeitung.

Ich bin Ur-Saalfelder. Ich hatte zwei Brüder. Mein Vater war Schlosser in einer Nähmaschinenfabrik, und weil meine Mutter Schneidern gelernt hat, waren wir nicht die Ärmsten. Als Schuljunge habe ich Zeitungen ausgetragen. Als ich dann 1911 aus der Schule gekommen bin, lernte ich Buchdrucker.

Kaum war ich Geselle, mußte ich in den Krieg. Das war die schlimmste Zeit. In Flandern lagen wir wegen des Grundwassers auf dem flachen Land, im Schlamm. Aber ich hatte immer einen Schutzengel.

In den zwanziger Jahren habe ich auch in Rumänien als Buchdrucker gearbeitet. Ich bin durch die Karpaten gewandert, das hat mir viel gegeben. Meine Freundin kam dann aus Saalfeld nach, und wir haben in Bukarest geheiratet.

Als wir 1925 wieder nach Saalfeld kamen, habe ich mich selbständig gemacht – mit einem bißchen alten Maschinenkram. 1926 wurde unser Junge geboren, er ist später aus dem Krieg nicht mehr zurückgekommen. Wir haben dann ein Kind angenommen und großgezogen.

Ich mußte bei den Nazis auch wieder in den Krieg. Weil ich Soldat war, haben sie mir aber wenigstens die Druckerei nicht ausgeräumt. Damals wurden überall die Motoren rausgeholt, und das Blei wurde für die Granaten gebraucht.

Nach dem Krieg hat man uns das Druckereigebäude weggenommen, wir waren nur noch die Mieter. Aber wir haben durchgehalten! Ich habe mein Leben lang nur anständige Sachen gedruckt. In den 50er Jahren konnte ich mir sogar ein Auto kaufen, einen EMW aus Eisenach, den ersten mit Vollsichtscheibe.

Seit 1961 ist die Druckerei wieder ein Familienbetrieb, mein Schwiegersohn und meine zwei Enkel arbeiten mit. Wir verstehen uns sehr gut, und das macht mich glücklich. Im Jahre 1997 haben wir das Druckereigebäude wieder zurückkaufen können.

Der Rennsteig hat es mir angetan. Ich liebe die herrlichen Fernsichten, die botanische Vielfalt und die geschichtlichen Überlieferungen. Mein Vater stammt aus einer Schäferfamilie, da liegt das Wandern im Blut. Mit meiner Schulklasse kam ich 1910 das erste Mal auf den Rennsteig. Schon als Lehrling bin ich sonntags mit den Kameraden gewandert, das ging nur Stück für Stück, denn Urlaub gab es in den vier Jahren Lehrzeit nicht einen Tag. Wenn ein Feiertag dazu kam, haben wir mit einer Decke im Wald übernachtet. Früh, wenn die Hähne krähten, ging's dann gleich weiter, um noch etwas zu schaffen.

Als dann nach der Wende die Grenze wegkam, bin ich mit fünfundneunzig Jahren endlich die ganzen 168 km gelaufen, in neun Tagen. Zum hundertsten Geburtstag haben sie mir die Rennsteig-Medaille in Gold gegeben. Im selben Jahr bin ich beim Rennsteig-Lauf die 15 km gewandert.

Mit einundneunzig Jahren bin ich noch im Hohenwarte-Stausee die Seemeile mitgeschwommen und habe

Kurt Ost 1915 und 1999.

gewonnen, der Nächstälteste in meiner Altersklasse war fünfunddreißig Jahre jünger als ich.

Vor ein paar Jahren bin ich nach Griechenland gereist. In meiner Jugend habe ich viel über die alten Griechen, die Römer und Phönizier gelesen, und es war mein Jugendtraum, das alles einmal zu sehen. Da bin ich in ein Reisebüro und habe einfach gebucht. Der Blumenstrauß am Flughafen war eine Überraschung, sie hatten wohl gemerkt, daß ich hundert war. Letztes Jahr reiste ich mit älteren Leuten nach Sizilien. Am Etna sind wir bis an die Schneegrenze, das war ein Erlebnis!

Mit hundert war ich noch jung, aber jetzt machen die Knochen nicht mehr so richtig mit, und die Luft fehlt. Ich werde langsam alt.

Kurt Ost in seiner Druckerei bei der täglichen Arbeit.

Der liebe Gott hilft immer, wenn man ihm richtig vertraut

Wir waren keine reichen Leute. Mutter hat immer gesagt: Der liebe Gott hilft immer, wenn du ihm richtig vertraust, und sie hat auch gesagt: Kinder, merkt euch das, Geister und Teufel gibt es nicht, aber Menschen, die gut und böse sind. Zwischen Gut und Böse zu unterscheiden müßt ihr lernen!

Ich war das achte Kind meiner Eltern und einfach ein bißchen verwöhnt, weil ich die letzte war, der Liebling. Meine Kindheit war schön, damals war die Mutter ja immer bei den Kindern. Wir waren immer drei Jahre auseinander, mein ältester Bruder war schon auf der Wanderschaft durch ganz Deutschland. In der Porzellanfabrik

Schwester Martha nach dem Krieg bei der Bahnhofsmission.

Meißen hat er für Mutter eine wunderschöne Kaffeekanne gemacht und später auch zwölf Tassen. Da waren wir alle stolz! Mich hat eigentlich der Lebertran erhalten. Das war nicht wie heute, daß er durch Zusätze gut schmeckt, sondern das war der richtige Lebertran vom Fisch, den eigentlich keiner mochte, aber ich mochte ihn so gern. Da gab's die kleinen Schokoladen von Stollwerck für zehn Pfennig, und für einen Löffel Lebertran schlucken gab es ein Täfelchen, doch die wollte ich nicht, sondern nur den Lebertran.

Als ich ganz klein war, hat mir mein Bruder zu meinem Geburtstag eine Kaffeetasse machen lassen, da stand drauf: Du bist so klein und niedlich, und heiter ist dein Blick. Gott möge dich erhalten zu deiner Eltern Glück. Ach, hab ich mich da gefreut! Gott weiß immer den Weg, wie er sein soll.

Als Mädchen habe ich für den Breslauer Generalanzeiger geschrieben. Einmal habe ich eine ganze Serie gemacht, sie hieß: Wer nicht hören will, muß fühlen! Es waren lehrreiche Geschichten für Kinder und Jugendliche. Als Kind wollte ich immer Schriftstellerin werden. Ich habe auch viel gelesen, sogar noch bei Mondlicht. Vater paßte immer auf, daß ich nichts Verkehrtes las.

Meinen Mann habe ich in Lendewiese in Schlesien kennengelernt. Er war dort vier Wochen zur Kur. Ich arbeitete in einem Restaurant, und mein Mann kam dahin. Er hat von Mainz erzählt und vom Rhein, da wurde ich neugierig. Mein Mann war ein Frühaufsteher genau wie ich. Am Stadtpark gab es ein Restaurant, da konnte man schon ganz in der Früh Kaffee haben, und danach sind wir in die Messe und nach Hause. Wenn die anderen Leute aufstanden, kamen wir zurück. Meinen Braten habe ich schon samstags gemacht, damit ich mich sonntags um die Werktagskleider meines Mannes kümmern konnte.

Über fünfzig Jahre bin ich jetzt bei den Caritasschwestern und habe die silberne Ehrenplakette erhalten. Ich bin oft dem Tod begegnet. Im Zweiten Weltkrieg habe ich in Wien in einem Lazarett gearbeitet, in dem nur Schwerstverletzte auf den Strohsäcken lagen. Was ich da gesehen habe! Dann war ich in Gefangenschaft bei den Russen. In Bayern wurden wir entlassen. Ich habe meinen Entlassungsschein immer bei mir getragen. Größeres Gepäck hatten wir nicht. Wenn an anderen Orten eine

Bahnhofsmission geöffnet war, hat man sich ein bißchen waschen können und bekam zu essen. Am 27. Februar 45 war Mainz bombardiert worden. Als ich in die Stadt kam, war ich entsetzt. Die Große Bleiche – da stand nichts mehr! Meine Wohnung gab es auch nicht mehr, und meine Leute waren woanders in der Stadt. Ach, es war schlimm! So ein Durcheinander!

Nach dem Krieg war ich sieben Jahre bei der Bahnhofsmission. Ich bin dahin gekommen, weil der Leiter beobachtet hat, wie ich mit den Menschen umgehe. Er hat mir gesagt, daß er noch so jemanden wie mich suche. Wir haben Suppe für Leute gekocht, das Wasser mußten wir draußen auf der Straße holen. Es gab eine Station für Mutter und Kind und einen großen Raum für Kinder, die ohne Begleitung reisten. Sie wurden von uns betreut, konnten Schularbeiten machen, und wir setzten sie in die richtigen Züge. Viele hatten Pappschilder umgehängt, auf denen stand, wo sie hinfahren wollten. Wir haben Kranke zu ihren Kurorten oder Kliniken begleitet.

Ich wohne jetzt siebenunddreißig Jahre im Bruder-Konrad-Stift. Es ist sehr schön hier.

Vor eineinhalb Jahren war der Bischof bei mir, in meinem Zimmer hat er mich besucht.

Jeden Abend beim Gebet denke ich an meine ganzen Freunde, Verwandten und Bekannten und brauche auch sehr lange, damit ich niemanden vergesse. Ich muß hier immer alles genau an seinen Platz legen, weil ich nicht mehr gut sehen kann. Es ist nicht leicht, so alt zu sein. Aber ich bekomme viel Besuch.

Ich stehe jeden Tag früh auf und mache noch alles selbst. Ich muß arbeiten, denn dann vergeht die Zeit. Und jeden Tag trinke ich ein Gläschen guten Wein.

Martha Faber und die 90jährige Schwester Zita, die seit 42 Jahren im Bruder-Konrad-Stift lebt.

Clothilde im Jahre 1893.

Clothilde Rey im Jahre 1911.

Zwischen Baden-Baden und Gut Klein Mönchhof

Mein Gedächtnis reicht weit zurück, bis in die Kinderzeit. Wenn auch hier und da mal eine Lücke ist, muß ich doch sagen, daß Gott mich hier gesegnet hat. Die Dankbarkeit kommt jetzt erst. Man hat immer nur so dahingelebt, aber jetzt wird einem alles erst richtig bewußt.

Meinen Glauben habe ich von der Mutter mitbekommen. Vor zwanzig Jahren hatte ich mir eine Bibel gekauft, denn ich wollte endlich das Alte Testament lesen. Aber erst 1998 fand ich Zeit, die Bibel zu lesen. Jetzt ist das Buch durchgelesen und von dem vielen Benutzen schon ganz aus der Fasson.

Ich stamme aus Köln. Meine Kindheit verbrachte ich in „Glanz und Gloria". Mein Vater war ein kluger und sehr begehrter Mann, den man zu allen Festlichkeiten holte und der überall Reden halten mußte. So bin ich viel herumgekommen. Wir verkehrten in Offizierskreisen, und ich hatte viele Verehrer dort, weil ich ein gutaussehendes Mädchen war. Sogar der Kronprinz sprach mich mal an, als ich zum Schlittschuhlaufen war. Ach, war ich da stolz! Mein Vater war Altphilologe am Gymnasium und im Königlichen Dienst. Meine Eltern konnten früh heiraten, da meine Mutter Waise und sehr vermögend war. Mit dreiundzwanzig war mein Vater schon Doktor. Meine Mutter mußte in zehn Jahren elf Umzüge bewältigen, denn wenn ein Professor krank wurde, wurde mein Vater immer ganz plötzlich versetzt. Er bekam aber kein Gehalt, und das sechzehn Jahre lang. Die Umzüge mußten wir selbst bezahlen. Ich hatte noch zwei Brüder. Einer ist im Ersten Weltkrieg in Paris gefallen, der jüngere ist mit zwölf Jahren gestorben. Die erste bezahlte Stellung hatte mein Vater in Werden bei Essen. Danach kamen wir nach Stolberg bei Aachen, Vater wurde dort Direktor.

Ich ging nach Berlin. Dort hatte ich Klavierunterricht bei dem berühmten Fritz Busch, er war ein junger Musiker und ein fabelhafter Dirigent. Die Stunde kostete 30 Mark, das habe ich von meinem Taschengeld bezahlt, es war damals viel Geld. Fritz Busch meinte, ich habe eine wundervolle Stimme, drei Oktaven, die unbedingt

Clothilde Rey vor ihrem Gutshaus.

ausgebildet werden müßte. Es gab nur zwei Königliche Musikschulen in Deutschland, in Leipzig und in Berlin. Mein Vater glaubte nicht, daß ich in Berlin angenommen würde. Ich habe es geschafft, und zwar in Gesang. Aufhören mußte ich, als der Krieg zu Ende war. Mein Mann hat mir später einen Flügel geschenkt, weil ich sehr gut Klavier spielen konnte. Am liebsten spielte ich Beethoven, Mozart, Schumann, auch Weber und ähnliches. Seit 1980 habe ich ihn aber nicht mehr angerührt.

Ich war oft bei einer Tante in Köln. An einem Weihnachtstag war ich dort in der Nähe zu Besuch auf einem Wasserschloß. Als wir beim Kaffee saßen, ging die Tür auf, und die Haushälterin rief aufgeregt: „Herr Hermann, Herr Hermann ist da!" Es war ja gleich nach dem Ersten Weltkrieg, und da wurden überall noch die jungen Männer zurückerwartet. Es war der Bruder des Hausherrn, der nach vier Jahren zurückkam. Sie waren beide noch Junggesellen. Er trat ein, und da hat sich das „angeworfen". Ich bekam danach einen Fuchspelz gesandt und habe mich prompt bei dem Falschen bedankt. Nach dem Fuchs kamen Blumen und immer wieder Blumen. Als mir der Junggeselle einen Heiratsantrag machte, mußte ich erst einmal überlegen, denn ich wollte vor vierzig nicht heiraten. Ich hatte ja viele, viele Gelegenheiten. Aber ich war ganz alleine, meine Freundinnen waren alle weg, und viele meiner Freunde waren gefallen. Er war als Landwirt ausgebildet, und seine Mutter besaß etliche Güter. Er wählte den Klein Mönchhof, nicht weit von Köln, weil hier an der Gillbach das beste Land war.

Nach der Hochzeit haben wir das Gut erst einmal verpachtet, weil ich in die Schweiz wollte, das war meine Bedingung, bevor ich heiratete. Ich wollte nicht in Deutschland bleiben.

Von 1929 an haben wir das Gut dann selbst bewirtschaftet. Wir haben auf dem Hof richtige Pionierarbeit geleistet, weil hier soviel zu bauen und zu tun war. Ich hatte keinerlei Ahnung von der Landwirtschaft, aber so nach und nach kam ich hinein. Einen Kuhstall habe ich eingeführt und mit einer Kuh sogar einen Preis gemacht.

Wir hatten zwei Kinder, einen Sohn und eine Tochter. Bis zum Tode meines Sohnes haben wir das Gut noch geführt. Um 1960 baute man hier das große Braunkohlenkraftwerk auf, dafür habe ich auch ein Stück Land abgegeben. Das Werk hat mich aber nicht gestört.

Ortsvorsteher Rolf Kremer zu Besuch im Gut Klein Mönchhof.

Hier in meinem Wohnzimmer hängt ein Bild, das der Maler Gülden aus Auenheim gemalt hat: Unser Gut Klein Mönchhof und das Kraftwerk.

Und heute? Ich kann hier leben. Gelegentlich habe ich Gäste, auch der Ortsvorsteher kommt gern mal vorbei. Früher war ich regelmäßig in der Schweiz, und jetzt fahre ich regelmäßig für einige Zeit nach Baden-Baden.

Ich trinke seit vierzig Jahren jeden Tag zum Essen einen Sherry, den hat mir der Arzt verschrieben. Mein Begräbnis habe ich bezahlt, und mein Tod soll erst nach drei Tagen bekanntgemacht werden.

PAUL MERKEL, JENA, *1900

Ich habe meinen Wald zu Hause

Zwölf Kinder hatten meine Eltern, ich bin der Älteste.
Am 1. Januar 1900 bin ich geboren. Mein Leben war von
vier Jahren an nur Arbeit. Mit siebzehn habe ich meinen
Gesellenbrief bekommen. Von 1914 bis 1982 habe ich im
selben Sägewerk in Jena als Schneidemüller gearbeitet.
Früh um fünf bin ich aufgestanden und habe die Hühner und Karnickel gefüttert und Feuer gemacht und bin
auf Arbeit gegangen. Abends war ich erst nach fünf Uhr
wieder zu Hause, mußte mich um die Tiere, Feuer, Essen
und Garten kümmern, und da hatte ich auch noch das
Feld. In das Siedlungshaus hier sind wir 1932 gezogen.

Wegen meiner Arbeit brauchte ich nicht in den Krieg.
Am 3. März 1945 waren über vierhundert Mann in Jena
angetreten, auch meine ganzen Kollegen. Bei mir sagte
der Major: „Sonderverwendung". Sehen Sie mal, welch
große Ehre: Als die Amerikaner kamen, hieß es: Wir

brauchen einen Mann, der hier über alles Bescheid weiß. Mich haben sie ausgewählt! Ich kriegte eine weiße Armbinde mit Doppeldruck: Feuerwehr und Polizei. Dann kamen die Russen, und ich hatte das Rote Kreuz drauf. Sieben Jahre habe ich für die Russen Holz geschnitten: Drei Tage für uns und drei für die Russen. Der Offizier ist nur zu mir gegangen, er hat gesagt: Du Spezialist! In der Schneidemühle war ich nach dem Krieg stellvertretender Chef. Wir waren halbstaatlich. Mehr Geld habe ich für meine Arbeit nicht gekriegt, nur ab und zu mal fünfzig Mark.

Am 2. Dezember 1964 ist meine Frau gestorben. Weil der Grabstein vom Friedhof weg sollte, haben sie mir den umsonst gebracht, zum Andenken habe ich ihn jetzt hier: Frieda Merkel. Ewiger Frieden. Ewige Ruh. Sechsunddreißig Jahre lebe ich nun hier alleine. Das Feld habe ich verschenkt, das war zuviel Arbeit. Mit zweiundachtzig ist mir die Arbeit in der Schneidemühle zu viel geworden, und ich bin zu Hause geblieben. Das können Sie doch verstehen? Mein Garten ist 660 qm, und alles ist

bezahlt. Hier sind Kartoffeln, Gurken, Bohnen, Tomaten. Ich mache alles alleine: umgraben, hacken, Unkraut jäten – alles. Und das hier ist einmalig! Da haben Sie von allem: Buchsbaum, Blautanne, Silbertanne, Fichte … alles selbst gepflanzt, vor vierzig, fünfzig Jahren.

Jetzt, wo ich alt bin, habe ich meinen Wald zu Hause. Und da sind Pflaumen, Äpfel, Birnen und Kirschbäume.

Meine Tochter Hilda ist 69 Jahre, sie war Orthopädieschuhmacherin. Sie kommt immer vorbei und kauft für mich ein. Sie hilft im Haushalt, und wir unterhalten uns ein bißchen. Ich habe noch einen Sohn, Helmut ist Tapeziermeister und jetzt auch in Rente.

Geraucht habe ich mein ganzes Leben nicht, weil ich doch Vorarbeiter war. Ich kann ja niemandem das Rauchen verbieten, wenn ich selbst rauche. Meine zweiten Zähne habe ich auch noch. Manchmal trinke ich abends ein Bier, aber sonst trinke ich keinen Alkohol. Fenchelsirup und Honig, das ist gesund. Verreist war ich zweimal in meinem Leben, einmal nach Oberhof und einmal 'nunterwärts.

Paul Merkel sorgt schon im Frühjahr für seinen Holzvorrat.

Es ist nicht schön so alleine. Wissen Sie, das Essen
schmeckt alleine auch nicht richtig, und eigentlich
macht alles keinen Spaß alleine …

Bis vor 16 Jahren hatte ich noch eine Katze, die hat
immer an meinem Kopfende geschlafen. Ein Hund kam
nicht in Frage, weil man ja Rücksicht auf die Nachbarn
nehmen muß, wegen dem Hundegebell. Die Vögel
kommen bis an mein Fenster.

Das Grundstück ist seine Welt.

Dafür habe ich sogar das Fahrradfahren gelernt

In Anklam bin ich geboren. Ich kann mich erinnern, wie
der Nachtwächter durch die Straßen gelaufen ist und gerufen hat:

„Hört, ihr Leute, laßt euch sagen, unsere Uhr hat
zwölf geschlagen! Löscht das Feuer und das Licht …"

Wir waren sechs Kinder. Mein Vater war Schneider-
meister, Obermeister der Innung. Vaters Geschäft lief
gut. Wir hatten Lehrlinge und Gesellen im Geschäft, da
mußte ich Mutter helfen. Vater konnte sich ein Auto
kaufen. In Anklam gab es damals nur wenige Autos. Die
Eltern haben unter sich immer Plattdeutsch gesprochen,
das konnten wir verstehen.

Silvester 1900 war die Steinstraße in Anklam voller
Menschen. Die Glocken läuteten, und alle beglück-
wünschten sich zum neuen Jahrhundert.

Das Geschäft in Anklam Mitte der 20er Jahre. Gertrud Horst
(links im Fenster) mit ihren Eltern, ihrem Mann (rechts) und
dem Sohn.

Ich war auch im Chor, wir haben Kirchenlieder gesungen. Auf dem Tanzboden war ich auch gern. Donnerstags fuhr das Schiff nach Zinnowitz. Da ist unsere Mutter immer mit uns hingefahren.

Zu Hause habe ich nähen gelernt. Wir bekamen immer Zeitschriften mit der neuesten Mode. Mein Lieb-
lingskleid war aus roter Seide, es hatte ein eingewebtes
Muster aus grauem Plüsch. Für den Bekanntenkreis habe
ich auch genäht.

Als meine Schwester dann in Cuxhaven lebte, war ich
dort oft zu Besuch. Meinen Mann habe ich da kennengelernt. Erich war Mechaniker und zehn Jahre auf See
gewesen. 1919 haben wir geheiratet. Er hat in Anklam eine Fahrrad-Reparaturwerkstatt eröffnet. Dafür habe ich
sogar das Fahrradfahren gelernt, ich wollte ja Reklame
fahren. Von den Arbeitern haben wir gelebt, die brauchten das Fahrrad täglich. Ich konnte auch Räder „aufspei-
chen". Doppelkopf haben wir gern gespielt.

In Anklam an der Peene gab es Aale. Die habe ich am
liebsten gegessen, geräuchert oder gekocht. Gleich am
Schiff hat man sie gekauft.

Wir hatten einen Sohn. Er ist im Krieg gefallen. Das
mit den Kriegen muß aufhören! Unser Haus wurde von
Bomben zerstört. Wir sind bis Usedom gelaufen, mein
Vater auch mit. Er war da schon fünfundneunzig. In
Benz, nicht weit von Bansin, haben wir dann gewohnt.
Möbel haben uns Verwandte abgegeben. Mein Mann
hat Fahrräder repariert, da konnten wir ein bißchen Vieh

Das junge Ehepaar Horst 1920 auf dem Kostümfest der
Schneiderinnung.

anschaffen. Ich habe für die Bauern genäht und dafür Lebensmittel bekommen. Die ersten Feriengäste kamen Anfang der fünfziger Jahre wieder.

Wir haben unsere zwei Zimmer auch vermietet. In der kleinen Küche habe ich für alle gekocht, und weil kein Platz war, haben wir in der Küche in Liegestühlen geschlafen. Ab dann wurde es besser, und wir hatten eine schöne Zeit.

1975 ist mein Mann gestorben. Beim Kartenspielen am zweiten Weihnachtsfeiertag.

Nun bin ich übriggeblieben. Wenn ich so bleibe, wie ich jetzt bin, kann ich noch eine Zeitlang durchhalten. Sterben müssen wir ja alle, da denke ich nicht dran.

Eine Nachbarin hilft mir beim Gehen im Gang. Meine Angehörigen nehmen mich auch im Auto mit. Hier faulenze ich. Was soll man machen? Für das neue Heim der Caritas durfte ich den ersten Spatenstich machen. Es soll ja sehr schön werden. Darauf freue ich mich!

Gertrud Horst teilt das Zimmer mit der 89jährigen Elsa Gilbert.

Friederike im Jahre 1918.

FRIEDERIKE BLUM, KOCHEL AM SEE, *1898

Wir wußten alle, was in so einem Lager passiert

Ich war in München an der Musikhochschule. Der Lehrer hat uns gefragt, wer in einem Engel-Chor mitsingen möchte, in einer Oper von Richard Wagner. Da wurden ein paar Mädels ausgesucht. Mein späterer Mann hat sofort gesagt: Ja, die will ich haben! Und da hab ich dann auch gesungen.

Er hieß Richard de Gorter, das ist ein holländischer Adelsname, aber er hat dann das „de" abgelegt, weil es nicht mehr richtig zu ihm gepaßt hat. Er war Schauspieler und hat auch Musikwissenschaft studiert. Er war mit dreiundzwanzig Jahren schon als Schauspieler in Rußland! Öfter hielt er Vorträge und spielte dazu am Flügel, damals, wie so die Richard-Wagner-Zeit war und dann der Richard Strauss. In Frankreich und Italien hat er auch Vorträge gehalten.

Wir sind beide in München geboren, er war zwanzig Jahre älter. Mein Mann war damals schon in Berlin als Schauspieler, und ich war noch in München. Früher hat es viele dieser Matinees gegeben, da habe ich sehr viel ge-

sungen, die waren ja meistens in Opernhäusern. Dann kam ich an die Münchner Staatsoper. Wir waren lauter junge Leute und sind ausgesucht worden für kleinere Sachen, für Opernhäuser, die kein eigenes Ensemble hatten. Mit Lortzing-Opern und solchen Sachen sind wir herumgefahren. Anfangs war ich von der Stimme her Soubrette. Sie kennen doch den „Freischütz"? Also, zuerst habe ich das Ännchen gesungen und dann später die Agathe, die jugendlich-dramatische, die mehr aus sich herausgeht. In Berlin habe ich später sehr viel die Micaela in „Carmen" gesungen.

1924 haben wir geheiratet. Anfangs waren wir ein paar Jahre in Eisenach. Mein Mann war Theaterdirektor, und unsere beiden Kinder Helmut und Werner wurden dort geboren.

Das ging alles ganz gut, bis das Dritte Reich anfing. Da waren wir beide schon in Berlin, Richard war Direktor vom Kleinen Theater am Zoo, und ich sang an der Städtischen Oper. Mein Mann mußte am ersten Tag, das war der 30. Januar 33, sofort mit dem Beruf aufhören! Später hab ich dann auch aufhören müssen.

Wir hatten eine schöne Wohnung in Berlin, doch eines Tages kamen die Nazis und haben die ganze Wohnung ausgeräumt. Unser großer Flügel und alles, was etwas wert war, wurde mitgenommen.

Mein Mann wollte einfach nicht weg, der war ein so guter Deutscher! Und er hat nicht geglaubt, daß das so lange dauert. Er hat immer gesagt: „Ach, in zwei, drei Jahren ist die ganze Geschichte vorbei, und dann spricht überhaupt keiner mehr davon!" Aber er war einfach so verbunden mit Deutschland, er ist ja als deutsches Kind aufgewachsen und war ja schon als Kind evangelisch getauft.

Wir hatten Beziehungen durch eine Verwandte, die hat immer gesagt: „Gebt doch wenigstens die Kinder weg!" Die Kinder sind dann in Kochel noch ein paar Jahre in die Schule gegangen, und da ging's in der Schule schon los. Wenn bloß was gesammelt worden ist, hat's geheißen: „Na, von dir nehmen wir nix!" Einmal, als unser Bub in der Bäckerei ein Brot kaufen sollte, kam er ganz erstaunt raus und hat gesagt: „Du, Mutter, die hat gesagt, dir geb i nix!" Und da haben wir dann so langsam gemerkt, was auf die Kinder zukommt, wenn wir die dalassen.

Hochzeit mit Richard Gorter 1924.

Die Leute in Kochel waren an sich nett zu uns, aber sie hatten natürlich auch Angst, es ging ja alles damals gegen die Juden. Und sie mochten meinen Mann furchtbar gern und haben immer mit ihm gesprochen und gelacht. Die Handwerker durften dann auch nicht mehr in unser Haus. Wer in unser Haus reinging, mußte ja seinen Beruf riskieren.

Und genauso mit Kindern. Wenn zu uns Kinder rein wären und hätten im Garten gespielt, wären die Eltern auch bestraft worden.

Wir waren dann aber doch noch so fix und haben die Kinder durch die Quäker weggebracht, mit der Miss Livingston nach England. Trotz allen Schmerzes waren wir glücklich, weil wir wußten: Jetzt bleiben sie doch zusammen! Das war schon viel wert in dieser Situation. Wir mußten die ganzen Jahre kein Schulgeld bezahlen, nur die Ausstattung. Ich hab Angst gehabt, wie sie damals weg sind. Aber Gott sei Dank sind sie beide das geblieben, was sie waren.

Wir haben jeden Monat einen Zettel bekommen mit fünfundzwanzig Worten. Das hatten die Nazis erlaubt. Es waren vorgedruckte Zettel, auf denen standen Fragen und Antworten, und die durften wir jeden Monat schicken. Drei Monate kam mal nichts, und wir haben schon Angst gehabt. Aber dann kamen sie wieder.

Mein Mann mußte im Krieg in München arbeiten, das war schwere Arbeit, aber hat es doch soweit geschafft. Die Frauen von Juden mußten auch arbeiten, zur Strafe, daß sie einen jüdischen Mann geheiratet haben.

Die Juden mußten getrennt von den Ariern arbeiten. Ich habe Glück gehabt, ich kam in ein Büro, wo herüben in einem größeren Raum lauter Juden arbeiteten. Das war aber ein Einzelfall. Einmal hab ich nur in diesen Raum reingeschaut, wo mein Mann gearbeitet hat, und wollte ihm bloß zuflüstern, daß ich heimgeh. Das hat jemand gesehen, und da bin ich sofort zur Rede gestellt worden: Ich darf die Tür nicht aufmachen!

In München durften wir nur noch in einem Zimmer wohnen, in der Schwanthaler Straße, aber nicht lang, dann mußte mein Mann in so ein Judenobdachlosenheim. Da hab ich ihn überhaupt nicht gesehen, das war ja schon wie ein Lager.

Ich habe Büroarbeiten machen müssen, die Lohnbuchhaltung usw. Die haben Kriegslieferungen gemacht. Weil die Leute so anständig waren, bin ich bis zum Ende des Krieges dort geblieben.

Das hat er mir schon immer gesagt, auch vorher, ganz offen: Weißt du, solang ich immer wieder heimkann, so lang mache ich alles mit. Aber wenn es mal heißt: In ein Lager! Dann mach ich Schluß! Und ich hab darüber sogar mit unserem evangelischen Pfarrer gesprochen und der hat auch gesagt: „Also, ich muß Ihnen sagen, wenn das auf mich zugekommen wäre, ich hätte es auch getan." Wir wußten alle, was in so einem Lager passiert! Wir haben nachher Bilder gesehen von Dachau, da waren auch Verwandte von meinem Mann. Die sind einfach erschlagen worden, in einen Graben geworfen und Kalk drübergeschüttet …

Und da hab ich auch gesagt: Ja, das würde ich auch tun! Das würde ich dir nie zumuten, daß du dich da einfach umbringen läßt!

Wir haben ausgemacht: Wenn er eine Einweisung in ein Lager bekommt, daß er es dann tut. Das hat er auch getan, in Kochel, an einer bestimmten Stelle am See hat er sich erschossen. Das war im Januar dreiundvierzig.

Zum Glück waren wir noch so gescheit und haben das Häusl auf meinen Namen überschreiben lassen. Als wir nach München zum Arbeiten mußten, haben wir den jungen evangelischen Pfarrer, der gerade gekommen war, in das Haus geholt.

Dreiundvierzig stand ich plötzlich allein da. Der Mann war tot, die Kinder weg, und außer dem Haus und mir war nichts übrig. Das Haus war runtergewirt-

Die Sängerin und der Schauspieler 1925.

schaftet, aber mein Geld hatten die Nazis gesperrt, gleich in den ersten Tagen. Da ist einfach ausgerechnet worden: Soviel brauchen Sie für den Haushalt und die Krankenversicherung …

Die Schwester meines Mannes war Krankenschwester, und die konnten sie gut gebrauchen im KZ, weil dort furchtbar viel Menschen krank geworden sind. Meine Schwägerin war sehr tapfer und auch sehr zäh, die hat sehr viel durchgehalten. Aber selbst die Menschen, die von den Nazis gebraucht wurden, mußten armselig leben, sie hatten ihren Rucksack als Kopfkissen. Mit dem letzten Transport kam sie nach München zurück.

Sie hat sehr gute Freunde gehabt, und bei denen ist sie dann wieder aufgepäppelt worden, wie man so sagt. Sie hat sich auch erholt, aber sie war halt doch entheimatet, ihre Wohnung in Schwabing unten war auch weg.

Ich hab immer Fotos aufgehoben, auch von Rollen, die mein Mann gespielt hat, und alle in Couverts getan. Und die waren in München im Haus bei meinen Eltern. Da hat natürlich keiner dran gedacht! Dadurch sind die gerettet worden, als sie uns alles genommen haben. Ich hab sie den Kindern gegeben, damit sie eine Erinnerung haben.

Nach dem Krieg konnten meine beiden Jungen zum ersten Mal wieder zu mir. Da war der ältere, der Helmut, beim Militär, und der Werner war auf so einer Zensurstelle. Ich hab gesagt: Na, und bleibt ihr jetzt da? Da haben sie beide übereinstimmend gesagt: Nein! Wir bleiben in England, wir haben gute Freunde und sind da zur

Schule gegangen, die waren sehr gut zu uns. Da haben wir ihnen auch weiter nicht widersprochen, da war meine Schwester dabei. Helmut hat dann dort studiert, und Werner wurde Fototechniker. Werner ist später nach Amerika ausgewandert. Bei der Firma Polaroid hat er gearbeitet und diese technischen Handbücher herausgegeben.

Ich habe bei dem evangelischen Pfarrer in Kochel den Haushalt geführt und seine beiden Kinder mit großgezogen. Da war ich ganz gern. Das waren sehr nette junge Menschen, die haben mich ein bissl aufgemöbelt. Später habe ich wieder in einem Büro gearbeitet, bis ich noch einmal geheiratet habe.

Eines Tages habe ich den Herrn Blum kennengelernt, der war auch in der Musik beschäftigt. Er war Konzertmeister im Symphonieorchester beim Bayrischen Rundfunk. Und dann hat er immer gesagt: „Warum heiraten wir denn nicht?" Wir haben in Nymphenburg gewohnt, und das ging ganz gut. Mit ihm war ich doppelt so lange verheiratet wie mit meinem ersten Mann. Aber er war sehr viel krank. Er hatte ganz schwer Zucker und hatte vier Herzinfarkte, beim vierten ist er dann gestorben. Ich hab ihn immer zu Haus gehabt, nur die letzten zwei Tage war er im Krankenhaus.

Über meine Jugend mag ich nicht viel sagen. Da müßte ich meine Eltern schlechtmachen, und das tue ich nicht gern. Damals habe ich mir immer geschworen: Wenn ich mal heirate, will ich eine gute Ehe führen.

Ich wollte eigentlich Diakonissin werden, aber jeder hat gesagt: „Was, Diakonissin? Mit der Stimme wird man doch Sängerin!" Da habe ich mich leider umstimmen lassen. Ich glaube, ich hätte besser getan, Diakonissin zu werden. Ich wollte immer helfen und helfen!

Im vorigen Jahr bin ich aus meiner schönen Wohnung in Heilbrunn hierher in das Heim gekommen, ich wurde schon ein bissl wackelig. Das gute Kochel hat mich wieder gelockt, da hab ich angefangen, und da höre ich jetzt wieder auf! Meine zwei Männer warten schon auf mich, die sind beide hier beerdigt. Es ist mir schon ein paarmal angedroht worden: Sie werden noch ein paar Jahre leben! Mir geht's ja auch im Grunde ganz gut.

Nach meinem 100. Geburtstag ging das eigentlich erst so langsam los. Aber jetzt würde ich sagen, ich fange richtig an, alt zu werden. Manchmal fühlt man sich wirklich jung, aber dann kommen wieder Tage und Zeiten, da hat man das Gefühl, man baut richtig ab.

Der Vormittag vergeht meistens mit so bissl Hausarbeit. Ich leg mich unter Tags nie hin. Dann setze ich mich in den Stuhl, schaue Fernsehen an oder lese ein wenig. Je nach Wetter gehe ich mal an die Luft. Ohne Bücher kann ich nicht leben. Der Hausmeister hat mir hier das schöne Büchergestell gemacht. Die anderen Bücher mußte Helmut mitnehmen, Goethe und Schiller usw. Helmut kommt öfter, England ist ja nicht ganz so weit weg. Mit Werner telefoniere ich. Besonders wenn der Helmut kam, hab ich immer gesagt: Den ersten Tag ist er ein richtiger stocksteifer Engländer, aber am zweiten Tag fängt er schon an, ein Bayer zu werden!

Friederike Blum im Park des Altenheimes.

Alt werden ist nicht schwer,
so wie früher geht's nicht mehr!

Vor hundert Jahren kam ich auf die Welt,
Meine Eltern hatten mich bestellt.
Und nun begann mein langes Leben
Oh, was hat es alles gegeben
Von spät bis früh
Das vergeß ich nie!

Mein Onkel war der Dichter Gustav Falke. Ich bin in Güstrow geboren, in Mecklenburg. Später sind wir nach Königsberg-Neumark gezogen, Vater war Amtsrichter. Wir hatten dort eine Pension. Meine Geschwister hießen: Otto, Adele, Margarete, Eduard und Matthias. Mit Eduard habe ich Pflaumen und Stachelbeeren geklaut. Als Eduard dann in Amerika lebte, habe ich mich mit den Verwandten in Englisch verständigt: „Dear Mary, we send you many greetings for your birthday and I give you a kiss!" In der Schule haben wir nämlich Sprachen gelernt. Eduard ist 102 Jahre geworden.

Mit siebzehneinhalb habe ich geheiratet. Da hatte ich noch Zöpfe. Mein Mann hat mehrere Güter verwaltet und war beim Militär Hauptmann. Als wir auf einem großen Gut wohnten, hatte ich ein Kindermädchen, eine Köchin und ein Hausmädchen. Geritten bin ich auch. Ich hatte das große Los gewonnen! Drei Kinder hatten wir. Mit siebenundzwanzig Jahren wurde ich Witwe. Mein Schwiegervater war in Berlin Regierungsrat, er hat dann meine Ausbildung zur Hebamme bezahlt und die Kinder in dieser Zeit in das Militärwaisenhaus nach Potsdam geholt, weil doch mein Mann Offizier war. Professor Stefan in Königsberg hat gesagt: „Weißt du, Otti, du bist meine allerbeste Hebamme!" Zehn Jahre bin ich von Königsberg aus mit dem Fahrrad in die Dörfer gefahren.

1945 wurden wir von Königsberg nach Greifswald evakuiert. Wenn die Russen kamen, haben wir uns immer im Keller versteckt. Nach dem Krieg wurde ich in Greifswald Lehrhebamme. Meine Tochter hat bei mir auch Hebamme gelernt. Als ich dann später in Prenzlau das neue Entbindungsheim geleitet habe, war meine Tochter

Die Geschwister im Jahre 1900: Otto, Margarete, Adele, Eduard und Ottilie (von links nach rechts).

auch dort. Ich habe meine Enkel Gerhard und Vera „geholt", also entbunden. Die Frauen haben immer gesagt: „Frau Wilhelm, können Sie nicht bei mir sitzen bleiben? Bei Ihnen tut's nicht weh, wenn Sie die Kinder holen!" Durch eine Ansteckung bekam ich eine seltene Augenkrankheit, das rechte Auge ist seitdem blind.

1964 sind wir nach Halle gezogen. Die sagen hier im Heim alle: Sie sind unsere Beste! Ich schlafe und singe und gucke mir Bilder an. Da kommen viele schöne Erinnerungen zurück. Nein, ich jammere nicht. Schade, daß ich nicht mehr lesen kann, aber Patience – das ist mein A und mein O!

Meine Lilo besucht mich jede Woche dreimal. Wenn wir in die Kaufhalle fahren, suche ich mir aus, was ich gern habe: „Ritter-Sport-Schokolade", „Nimm 2" und Orangensaft. Ich kann es selber noch nicht fassen, daß ich hundertvier Jahre bin, die älteste Hallenserin. Daß Gott das alles zuläßt …

Ottilie Wilhelm mit ihren Kindern Jürgen, Klaus und Liselotte.

Beim Einkaufen im Supermarkt mit Tochter Lilo.

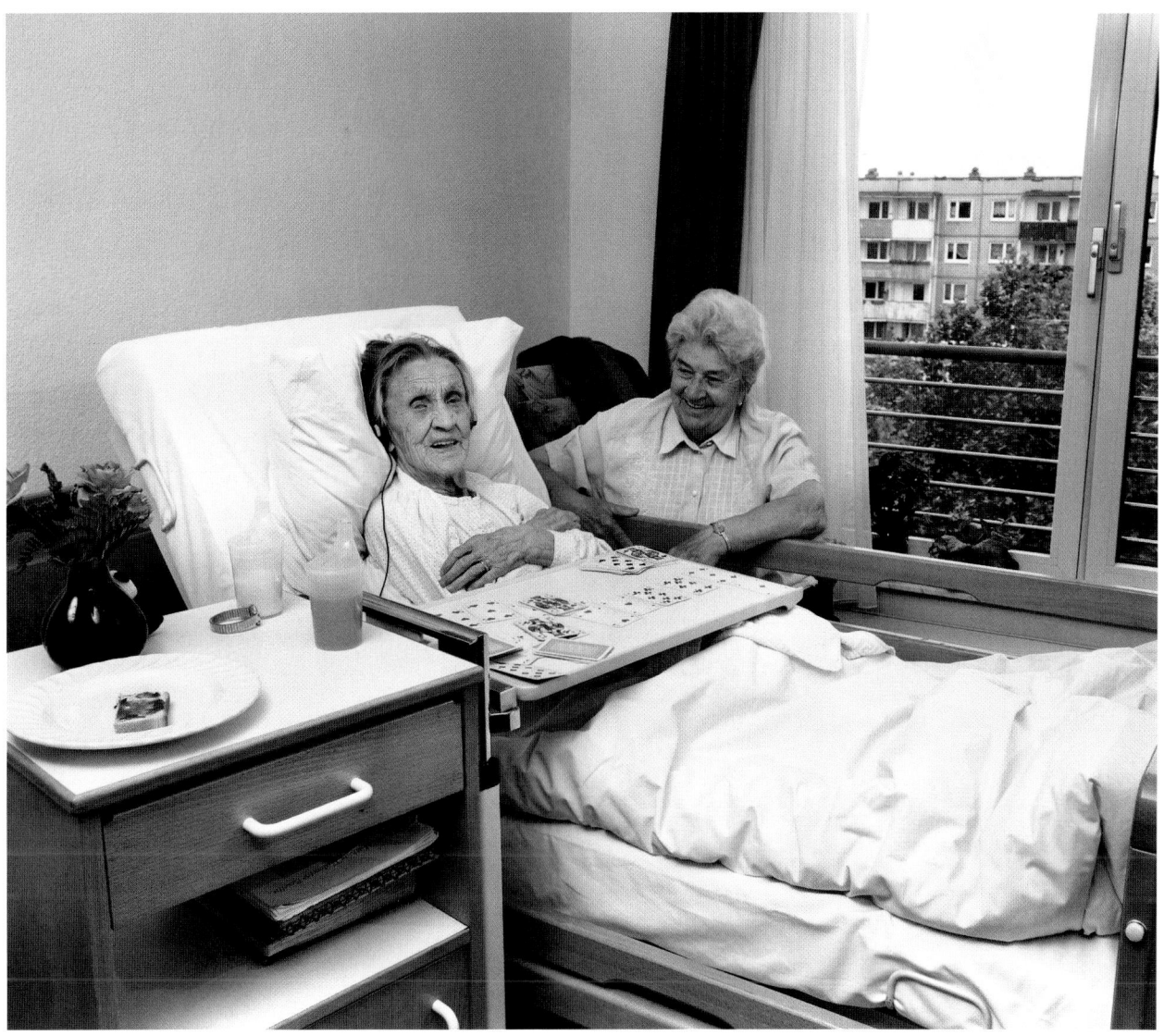

Tochter Lilo besucht ihre Mutter mehrmals in der Woche im Altenheim in Halle-Neustadt.

Rot-Grün geht nit!

Vor ungefähr zehn Jahren hab ich ein Buch gehabt, von Richard Friedenthal geschrieben: „Doktor Martin Luther und seine Zeit". Kostet vierundzwanzig Mark. Ich hab das Buch nachher immer wieder gekauft und verschenkt, wo ich wußte, die lesen auch mal so was. Was der Luther geleistet hat, das ist unbeschreiblich! Es sind immer Einzelpersönlichkeiten, die etwas leisten, wenn man sie an den richtigen Platz stellt.

An Autoren hab ich auch gern den Sebastian Haffner gelesen. Der ist zwar rauh, aber ehrlich. Und das gefällt mir! Ich hab viele Bücher von Haffner und hab jetzt grad eins meinem Sohn gegeben: „Anmerkungen zu Hitler". Das heb auf, hab ich ihm gesagt, da ist jedes Wort wahr!

Cappel war ein kleines Dorf, achthundert Einwohner, aber nah an der Stadt. Zehn Geschwister sind wir gewesen. Ich war der Älteste. Und der letzte, der Hermann, der ist in achtzehn geboren. Mein Vater ist als junger Mann beim Juwelier in Marburg Hausbursche gewesen. Früher hatten die ganzen Geschäftsleute einen Hausburschen. Mein Vater hatte Unternehmungsgeist. Das biß-

Heinrich (vorn rechts) 1902 in Cappel mit seinem Freund, dem zweijährigen Schwesterchen Katharina und dem Kindermädchen aus der Nachbarschaft.

chen Ackerland war zu wenig, da hat er angefangen, mit dem Pferd auf Verdienst zu fahren. Und früher gab's kein Finanzamt. Was er verdiente, tat er in die Westentasche. Und so hat er sich einen ganzen Fuhrbetrieb eingerichtet.

Als wir in die Schule kamen, da hab ich in den ersten Ferien schon die Zeitung buchstabiert. Für Bücher hab ich mich interessiert: Der „Robinson", die Indianerbücher von dem Karl May, der Schullehrer, der gar nit in Amerika war. Mein Vater kriegte mal von jemandem: „Der Graf von Monte Christo", das vergeß ich nit!

Wir waren preußisch. Ein Preuße hatte gute Einrichtungen, da können sie sich heute auch noch eine Scheibe von abschneiden! Gutes Schulwesen! Wir waren eine zweiklassige Schule und zwei Lehrer. Acht Jahre haben die uns gelehrt. Die kannten die Menschen! Wir waren evangelisch, jeden Morgen begann die Schule mit einem Gesangbuchlied.

Als ich aus der Schule kam, bin ich zu Hause im Betrieb gewesen. Wir hatten noch etwas Landwirtschaft dabei und zwei Knechte, die Unkosten waren ja nicht so hoch.

Als Kinder haben wir gern „Soldatsches" gespielt. Wenn die Soldaten in Urlaub kamen, Weihnachten und Pfingsten, sind sie zum Abendmahl gegangen, da mußten sie den Helm mit den großen Sträußen dabei tragen. Wie haben wir die bewundert!

Im Mai sechzehn bin ich eingezogen. Erst kamen wir nach Frankreich und von da nach Rußland. Bis zum Ende des Krieges waren wir in der Ukraine. Der Lenin saß in der Schweiz und arbeitete gegen das russische Regime. Und der wurde in einem geschlossenen Zug nach Rußland transportiert, mit Genehmigung der deutschen Regierung! Die haben sich gesagt: Wenn wir den holen, wird vielleicht eher Ruhe. Aber der hat sie erst aufgepeitscht! Die Revolution haben wir gar nit so mitgekriegt. Wir waren junge Kerle, was ging uns die Politik an!

Nach dem Krieg kam ich auch in die Politik rein. Erst war ich im „Jungdeutschen Orden". In fünfundzwanzig war einer in Berlin, der druckte eine Illustrierte: „Fridericus Rex". Antisemitisch, aber nit so, wie's beim Hitler war. Und da las ich drin: „Stahlhelm hat Sitzung in Marburg". Ei, Donnerwetter, denk ich, da muß ich dabei

Heinrich Wißner (rechts) mit seinen zwei Pferden vor
dem Festwagen der Cappeler.

sein! Durch diese Zeitung bin ich an den „Stahlhelm"
gekommen. Da waren meist Offiziere drin, die Kame-
radschaft hat mir gut gefallen. In dreißig sind wir auf der
Kartause gewesen, in Koblenz. Gau Kurhessen-Waldeck
hießen wir. Bis abends war der Vorbeimarsch, hundert-
tausend Mann, glaub ich.

Da schimpft man so viel auf den Kaiser. Das konnt
ich nit vertragen! Mir ist's gut gegangen. Ich häng heut
noch dem Hohenzollern an!

Mein Vater war von achtzehn bis dreiunddreißig Bürgermeister. Bis die Nazis kamen, von denen war er kein
Freund. Bei den Nazis mußte man sich umstellen. Meine

Heinrich Wißner in Uniform 1939.

Frau, die konnte Hitler nit hören. Ich mußte neununddreißig noch mal acht Wochen zur Artillerie.

Von zweiundzwanzig an hab ich den Kohlehandel gemacht, bis die Kohle so teuer wurde in den Fünfzigern.
Wie der Bundeskanzler Brandt drankam, da setzte auch
das Öl ein. Der Brandt sagte: „Wir kaufen da, wo es am
billigsten ist!" Das war verkehrt! Da gingen die ersten
Zechen Pleite. Braunkohlenbriketts, lose vor die
Haustür: Zehn Zentner für zwölf Mark fünfzig!

Zuerst hatte ich den Hanomag, die kleine Blechbüch-
se. Da gingen bloß zwei Mann rein, und der hatte nur
eine Tür! Der hatte noch Rechtssteuerung, und die Ku-
lissenschaltung lag außen. Der Hanomag kostete zwei-
hundertzwanzig Mark. Den habe ich dann später umge-
tauscht und einen Opel gekauft. Der war Baujahr
achtundzwanzig und hatte vorn Viertelfederung und
hinten Halbfederung und Allwetterverdeck. Oh, die waren stabil, ein Chassis wie ein Lastwagen! Richtige U-Ei-
sen, da saß auch der Motor drauf. Und die Sitze, das
feinste Leder! Der kostete neu um dreitausend Mark!

In dreiundzwanzig hab ich geheiratet. Wir sind uns
auf der Lahnbrücke in Marburg begegnet. Drei Kinder
hatten wir, die zwei Söhne Konrad und Leonhard leben
noch. Meine Frau mußte immer fort in die Kur. In neu-
nundsechzig ist sie gestorben. Ich war bis dahin noch nie
verreist.

Als 1970 mein Urenkel krank wurde, hat der Arzt gesagt: Fahren Sie mal mit ihm an die Nordsee! Da sind
wir im September nach St. Peter-Ording. Das hat uns so
gut gefallen, daß wir jedes Jahr dahin gefahren sind. Wie
die Kinder dann in die Schule gingen, bin ich allein nach
St. Peter-Ording gefahren, noch fünfundzwanzig Jahre
und immer im Herbst! Jetzt schaff ich das nit mehr.

Das Verhältnis zum Leben, wenn man älter wird, ist
ganz anders. Wenn ich hier die Ursel, meine Enkeltochter, nit hätt! Das Waschen mach ich noch selber, ich
wasch mich auch kalt! Seit meinem vierzigsten Jahr eß
ich morgens Hafersuppe. Ich hab gern Zigarre geraucht
oder Pfeife. Schnaps trink ich heut noch, „Steinhäger"
oder einen „Bismarck". Ich glaub, daß ich sogar noch
klüger geworden bin. Es kommt vielleicht, daß man
mehr überlegt! Der Adenauer hat mal im Bundeshaus
gesagt: „Meine Herren, Sie können mich nicht daran
hindern, daß ich klüger werde!"

Heinrich Wißner bei seinem täglichen Spaziergang auf seinem Grundstück.

Ich bin vierundsechzig durch einen Freund in die CDU
gegangen. Ich hab auch viele Freunde, die sind in einer
anderen Partei. Die Politik interessiert mich noch. Rot-
Grün geht nit! Die Grünen machen die anderen Parteien
kaputt! Ich bin Gegner von Atom, aber erst müssen wir
was anderes schaffen! Wir müssen forschen, forschen,
forschen!

Der Hunger ist ein böses reißendes Tier!

„Viktor, nun, fahren wir!" hab ich zu meinem Sohn gesagt, der jetzt in Rußland gestorben ist. Er sagt: „Mama, wir sind hier übrig, wir sind nicht zu Haus. Kommen wir nach Deutschland – sind wir auch nicht zu Haus. Alle werden uns dort heißen: die Russenschweine!"

Ich bin jetzt schon hier von fünfundneunzig, vom 3. April; mir hat kein Mensch noch kein böses Wort gesagt! Noch nicht ein böses Wort!

Meine Mutter sagt: „Ich bin für mein Leben müd. Schlag mich tot! Bring mich hin, wo daß mich die Vögel fressen!" Ich sag: „Nein, das kann nur einer, und der ist da oben. Ich will Euch zeigen, daß ich Euch pflege bis in den Tod!" Sie schläft den ganzen Tag. Krank ist sie nicht. Wenn ein Enkel kommt, sagt sie: „Wer bist denn du, dich hab ich doch schon gesehn? Meine Mutter spricht mit uns, aber ihre Geschichte kann sie nicht mehr selbst erzählen. Ich will für meine Mutter sprechen, wie unser Leben in Rußland war:

Bei meiner Mama waren sie zwölf Kinder. Von zwölf Jahren an mußte sie arbeiten bei fremden Menschen. Mit achtzehn Jahren ist sie in die Stadt gefahren und hat gearbeitet. Und dann hat sie geheiratet, zurück auf's Dorf, wo sie geboren ist. Von unserem Dorf bis zur Wolga waren es vier Kilometer. Unsere Seite war flach, wir hatten Sümpfe und wenig Wald, auf der anderen Seite von der Wolga waren Berge und Taiga. Das Dorf hatte immer vier Häuser im Quartal, dann kam ein Weg. Das ist von Ewigkeit so. Neben dem Haus war der Garten, ein drittel Hektar groß. Da hatten sie Kartoffeln, Mais und Gemüse. Wir wußten nichts von der Welt draußen. Jeder sagte etwas anderes, wo wir herstammen.

Meine Mutter hatte sieben Kinder, aber großgeworden sind nur zwei, mein Bruder und ich. Mein Vater ist in achtundzwanzig an einer Blutvergiftung gestorben. Meine Kindheit war sehr schwer. Kein Mitleid hat meine Mutter gehabt, die hat uns getrieben Tag und Nacht! Mit dem Knüppel hat sie uns geschlagen! Ich hatte schon drei Kinder, da hat sie mir das Gesicht so geschlagen, ich hab mich geschämt, auf die Straße zu gehen!

Unser Häuschen hatte nur ein kleines Zimmer und einen Vorbau. Wir hatten ein Bett, einen Tisch, drei Hocker, eine Bank und eine Kiste für die Kleider, wie sie jeder zur Hochzeit bekommen hat. Das war alles aus Brettern zusammengenagelt. Mein Bruder mußte bei der Mutter am Fußende liegen, und ich hab auf der Kiste geschlafen.

In den Sümpfen mußten wir die Weiden holen und die Wurzeln ausgraben. Stroh, Schilf und Rohr haben wir gesammelt. Was die Kuh nicht gefressen hat, mußten wir pressen. Wenn das geschwitzt hat, stieg Dampf auf, und dann haben wir es getreten, bis alles ganz fest war. Die Männer haben das mit dem Beil in Würfel gehackt, und dann haben wir es getrocknet. Das war unsere Heizung im Winter. Die Kälte war im Winter bis 45 Grad, die Hitze im Sommer gradso. Der Schneesturm hat alles zugejagt, daß man morgens nicht rauskonnte. Nachbarn haben uns ausgegraben, sonst wären wir drin erstickt.

Es gab immer wieder Mißernten. In einundzwanzig, hat meine Mutter gesagt, sind viele verhungert. Dann kam die Kollektivarbeit. Man konnte etwas besser leben, aber wir sind immer arm geblieben. In dreiunddreißig ist wieder der Hunger ausgebrochen. Das halbe Dorf ist ausgestorben. Wir haben es grad durchgeschafft. Wenn die Kuh nicht wäre gewesen, wären wir alle zugrunde gegangen!

In die Schule kam ich in einunddreißig. Da war noch alles in Deutsch. Eine Lehrerin war sehr böse zu mir,

Rosalia Hasenkampf 1932
in ihrem Dorf an der Wolga.

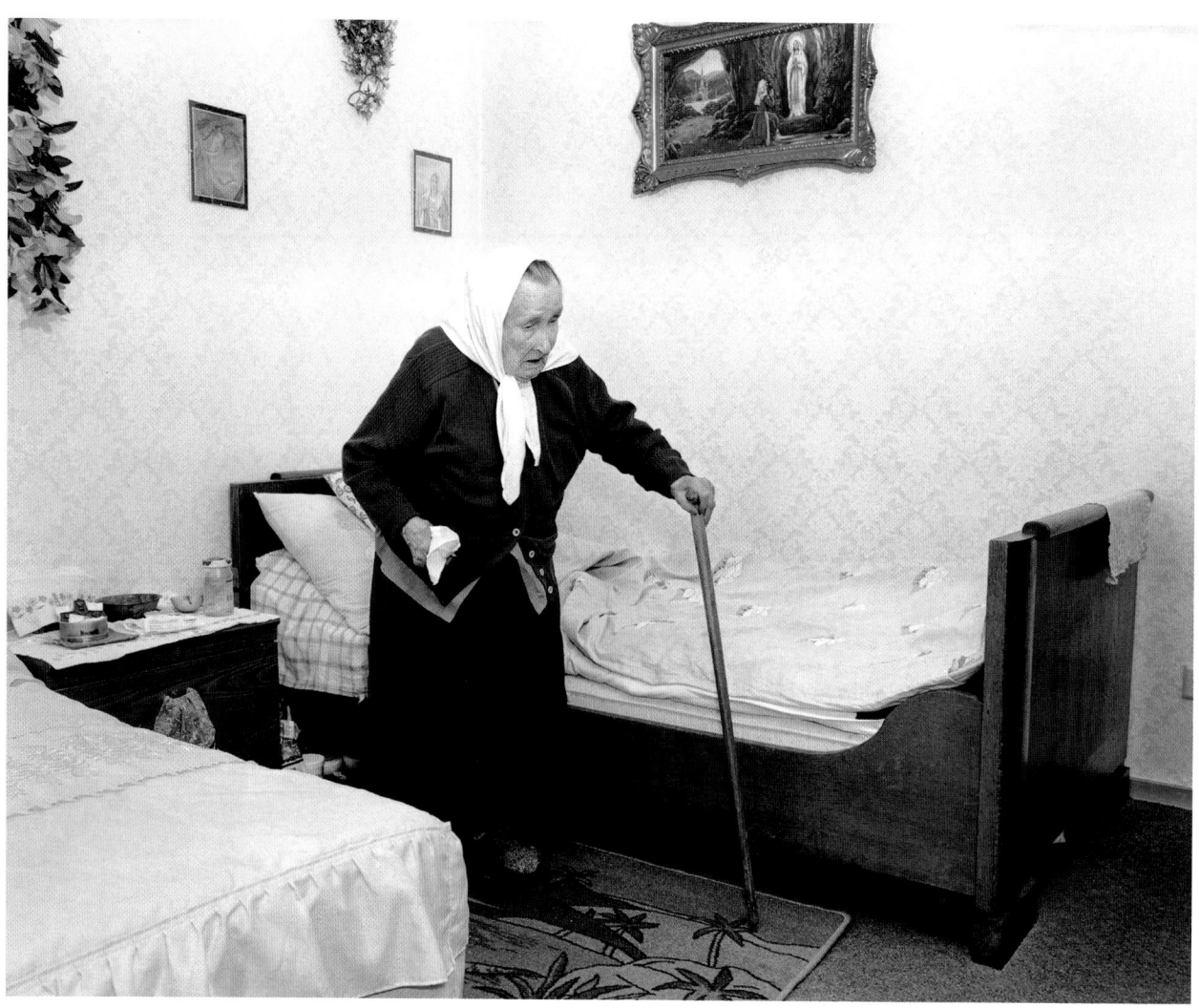

Nur noch zwischen Bett, Küche und Toilette gehen die Wege der bald Hundertelfjährigen.

weil ich arm war und nur Lumpen anhatte. Wegen ihr bin ich aus der Schule fort, mit vierzehn hab ich als Melkerin angefangen. Meine Mutter hat auf der Regierungsplantage gearbeitet. Gurken, Tomaten, Kraut und Melonen haben sie angebaut. Mein Mann hat Futter gefahren. Im vierzigsten Jahr haben wir geheiratet.

In einundvierzig, wie der Krieg ausbrach, wollten sie uns alle ins Meer versenken oder erschießen. Die anderen Oberen, die bei Stalin waren, haben gesagt: „Was sollen andere Länder sagen!" Da hat er uns alle ausgesiedelt. Viele Menschen sind umgekommen. Mein Mann mußte nicht in der Trud-Armee arbeiten, weil er kurzsichtig war, und ich bekam ein Kind. Mutter war schon zu alt.

In der Trud-Armee sind viele zugrunde gegangen.

Die Wolgadeutsche Republik ist sehr groß, dort sind viele Dörfer. Sie haben angefangen am Kaspischen Meer, sie haben den Leuten immer nur gegeben fünf, sechs Stunden zum Zusammenräumen. Und wir waren ganz oben, das zweite Dorf vom Ende. Die Soldaten kamen, und auf den Lastwagen durftest du nur mitnehmen, was du tragen kannst. An der Wolga haben wir gelegen vier Tage. Dann haben sie uns auf einen Lastkahn getrieben wie das Vieh. In Saratow haben sie uns die Nacht über die Wolgabrücke gebracht, und um vier Uhr morgens kamen die deutschen Flugzeuge und haben die Brücke zerschlagen. Ich hab gesagt: „Konnt' ihr nicht etwas eher

Tag und Nacht ist Tochter Alwina Unterberg für die Mutter da.

kommen, daß wir nicht über die Brücke können!" Dann haben sie uns gefahren einen ganzen Monat, bis nach Usbekistan. Achtzig Menschen in einen Waggon haben sie getrieben! Weiter ging's nach Kasachstan, dann haben sie uns nach Krasnojarsk gebracht. Mit dem Schleppkahn sind wir weitergefahren, bei einem kleinen Dorf in Sibirien haben sie uns alle rausgetrieben. Ein alter Mann hat uns genommen in sein Dorf. Wir haben in einem Holzhäuschen mit einem Zimmer gewohnt.

Die Russen haben gesagt: Warum hat Katharina euch hergebracht! Ihr seid Faschisten, ihr seid die Dummen, ihr seid die Verräter! Wir haben die Stengel von dem sauren Gras gegessen, Kislitze hat es geheißen. Aufgelesen

haben wir, was auf den Feldern lag, was die Russen nicht wollten, das war unser Winteressen. Wir haben gedacht, daß wir verhungern müssen! Die kleine Kammer neben unserem Zimmer haben wir bis oben voll mit dem Kraut gefüllt. Das fror, und wir haben davon geholt im Winter und Suppe gekocht. In dem Winter sind die Pferde verhungert. Einmal kam ein Mann von den Oberen und hat gesagt: „Johann, dort ist ein Pferd gefallen. Geh, du hast nichts zu essen, hack dir ein Stück ab!"

Was wir tragen konnten, haben wir über den Fluß gebracht zu unserer Hütte und aufgetaut. Ein Beil hatten wir nicht. Mit dem Messer haben wir alles verschnitten und wieder in den Frost gebracht, daß es gefroren ist.

Rosalia Hasenkampf mit ihren beiden Kindern und
den Enkeln in Sibirien nach dem Zweiten Weltkrieg.

Und so haben wir immer beigeholt und gekocht. Niemand, meinem ärgsten Feind will ich den Hunger nicht wünschen! Der Hunger ist ein böses reißendes Tier!

Mein Mann hat Wasser gefahren, jeden Abend hat er gebracht einen Arm voll Stroh. Darauf hat er geschlafen. Morgens mußt' er fort, hab ich mir das Stroh genommen auf die Füß und unter den Kopf ein Scheit Holz und hab geschlafen.

So ging es acht Jahre, dann durften wir fahren. Mein Bruder war bei der Trud-Armee in Uljanowsk, aber wir kamen nicht bis dahin. Ein Kommandant in Idrinsk hat gesagt: „Ihr bleibt hier! Euch lasse ich nicht weg!" So blieben wir in Idrinsk, das ist ein Dorf in der Taiga bei Krasnojarsk, sechshundert Kilometer weg. Mein Bruder kam von der Trud-Armee zu uns. Wir mußten in einer Flachsfabrik arbeiten. Mein Mann hat an der Maschine gestanden und immer den Staub eingeschnauft. Davon hat er Asthma gekriegt, in achtzig ist er daran gestorben.

Wir durften bis Ende der siebziger Jahre kein deutsches Wort auf der Straße sprechen! Die letzte Zeit, da konnte man nicht klagen. Die jungen Leute waren jetzt alle schon gemischt, die Russen haben Deutsche und die Deutschen haben Russen genommen. Aber die Alten, die wollten nichts wissen!

Ich habe dreizehn Kinder geboren und zwei Pflegekinder gleich nach ihrer Geburt genommen. Von meinen Kindern leben noch sieben. Vier sind in Deutschland, die anderen möchten auch kommen. Eine Tochter und eine Pflegetochter in Idrinsk haben die Papiere vor vier Jahren abgegeben, vielleicht kommt das Glück, daß sie nun fahren dürfen! Der Flieger ist zu teuer, die Leut fahren nach Moskau mit dem Zug und dann drei Tage mit dem Bus nach Deutschland.

Ich habe fünfundzwanzig Enkel. Vorige Woche hat mein Enkel Andreas geheiratet. Auf der Hochzeit waren siebzig Leute, viele Deutsche von hier sind gekommen. Die ganze Nacht haben sie gefeiert. Sie haben zu uns gesagt: „Mengt euch unter die Leute hier, dann wird's euch noch besser!"

Alle Tage kommen meine Kinder und Enkel, die hier wohnen. So gut ist es mir in meinem ganzen Leben nicht gegangen.

Nach einem harten Leben ist Rosalia Hasenkampf müde geworden.

Mein Schleswig-Holstein
liegt mir doch sehr am Herzen

„Kommt mal alle her, Tante Anni hat Hosen an!" riefen die Neffen und Nichten meines Mannes aus dem Fenster, als wir sie 1917 mal in Halle an der Saale besuchten. Dabei war das bei uns doch normal, aber die Sachsen kannten das nicht. Dort hat es mir auch nicht gefallen, die Kultur da unten ist ganz anders. Mit siebzehn habe ich geheiratet und mit achtzehn das Baby gekriegt. Mein Mann brachte mir zur Konfirmation Blumen und ging mir nicht mehr vom „Lappen", das war mir am Anfang gar nicht recht. Ich hatte so viele nette Freunde. Aber später weiß man immer mehr … Mein Mann war von Beruf Dreher. Er schrieb immer „Dietze, Dr". Er hatte einen Klemmer auf, trug einen Gehrock und sah sehr schick aus, deshalb ging er auch immer als Doktor durch.

Geboren bin ich in Kielgarden. Wir waren sechs Kinder, drei Jungen und drei Mädchen. Wir haben in der Kruppschen Kolonie gewohnt. Da war es gutbürgerlich und sehr nett. Mein Vater hat 35 Jahre auf der Germania-Werft als Tischler gearbeitet und die Luxuskabinen für die Salonschiffe gebaut.

Anna Dietze mit ihren Söhnen Wilhelm (links) und Heinz.

Er hielt nicht viel von dem Kaiser und hat mal zwei Monate wegen Majestätsbeleidigung im Gefängnis gesessen. „Mit dem Kaiserbild wischt er sich nicht einmal den Hintern", hatte er gesagt und ist von der Logiswirtin angezeigt und vom Militär von der Werft geholt worden.

Sonntags hat mein Vater auf dem Schiff „Mera" Trompete gespielt, da durften wir Geschwister abwechselnd mitfahren. Und dann gab es noch die Ferienfahrten, die kosteten 20 Pfennige, das fiel meiner Mutter natürlich schwer, denn für 20 Pfennig bekam man damals schon ein Stück Butter.

Mit Vater sind wir viel gewandert. Damit wir nicht merkten, wie lang die Strecke war, ließ er uns die Chausseesteine zählen, die jeden Kilometer so stehen. Wir freuten uns über jeden neuen und merkten gar nicht, wie weit wir liefen. Einmal sind wir sogar mit dem Zug nach Hause gefahren – von Pretz nach Kiel. Ich war da sechs Jahre alt, und es war meine erste Zugfahrt – eine Weltreise für uns, wir haben nur aus dem Fenster geschaut.

Die Sedan-Feier ging uns besonders nahe, da war schulfrei, weil wir doch gewonnen hatten. Als ich mal von der Schule nach Hause kam, sagte meine Mutter zu mir: „Es ist Krieg!" „Ach, Mutter, wir haben doch Sedan." Wir waren sehr stolz auf unser Vaterland!

Nach der Schule mußte ich erst mal in „Stellung" gehen und Hauswirtschaft lernen. Da habe ich einer Arztfamilie den Haushalt geführt, gekocht, saubergemacht und nachmittags die Kinder betreut und mit ihnen gespielt. Das habe ich zwei Jahre lang getan.

Hier auf der Fähre ging die Revolution in Kiel los. Die Marine hat auf die Zivilbevölkerung geschossen, wir mußten uns alle auf der Fähre auf den Boden legen, und dann kam mein Bruder auch noch mit einem Gewehr nach Hause … Wir haben es auf dem Dachboden versteckt und hatten alle Angst.

Mein Mann wurde im Krieg schwer am Kopf verletzt, da war für ihn der Krieg zu Ende.

1930 hat er von der Marine ein Haus bekommen, das war sehr schön! Ich hatte sogar über zehn Jahre einen kleinen „Tante-Emma-Laden", und jeder kannte und mochte mich. Das Haus ist bei einem Bombenangriff zerstört worden.

1957 bin ich schon Witwe geworden. Ich hatte dann später dreißig Jahre einen Freund, mit dem bin ich viel

im Auto herumgefahren, besonders hier oben im Norden. Mein Schleswig-Holstein liegt mir doch sehr am Herzen! Die Leute sind ehrlich, manchmal ein bißchen aufgespielt, wenn sie können und wollen, aber offen und nicht so doof wie die Sachsen.

Von Kindheit an habe ich gerne Karten gespielt, Skat, Rommé und 66. Ich habe mehreren Skatclubs angehört, richtigen Damenclubs, und jede Woche haben wir gespielt für wenig Geld. Schachspielen habe ich von meinem Vater gelernt, ich war wohl zehn Jahre alt.

Er baute immer Schachtische, und zur Verlobung habe ich einen mitgekriegt. Aber hier im Heim kann keiner Schach spielen, und mein älterer Sohn spielt nicht so gern mit mir, dem spiele ich zu „lusch", und außerdem verliere ich nicht gern. Er wohnt hier im Ort, und mein zweiter Sohn wohnt in Düsseldorf.

Ich lese gern. Alles Eigentumsbücher ... Wir hatten hier auch eine Bibliothek, und ich habe gern darin herumgestöbert. Jetzt lese ich Konsalik und Patricia Shaw, von Fallada habe ich früher viel gelesen, den hat mir mein Sohn empfohlen. Er sagt mir immer, welche Bücher es gibt. Vater sagte mir damals: „Komm mir nicht mit Courts-Mahler an, das mußt du nicht lesen!" Ich habe viel gelesen, und wenn ich jetzt ein Buch anfange, weiß ich sofort, ob ich es schon einmal gelesen habe oder nicht. Ich kann dann das ganze Buch erzählen.

Ein Rezept fürs Altwerden habe ich nicht. Ich bin immer solide im Trinken gewesen, aber ich mag sehr gern essen – besonders Süßigkeiten, Bonbons, Pudding und ein schönes Grünkohlessen.

Vor etwa fünf Jahren war ich für fünf Wochen bei meinem Neffen am Schildkrötensee in Kanada, und da durfte ich ganz alleine ein Schiff führen. Das war richtig schön.

In dem Teich hier vor dem Haus bin ich viel geschwommen, aber letztes Jahr war er mir zu dreckig, da bin ich nicht mehr rein. Eigentlich schwimme ich sowieso lieber in der Ostsee oder Nordsee.

Der ältere Sohn Wilhelm, 82 Jahre, zu Besuch bei seiner Mutter im Klosterstift Bordesholm.

Mäßig in allem, tätig sein und Gelassenheit

Ich habe also die Wohnung beibehalten, damit ich in meinen ältesten Jahren nicht im Altersheim sein muß, sondern in der gewohnten Umgebung. Ich wohne jetzt fünfzig Jahre in der Wohnung. Morgens um acht Uhr ruft mich jemand an, um sich zu überzeugen, daß ich die Nacht überlebt habe. Meinen Haushalt mache ich selber, auch das Essen. Einkaufen kann ich noch allein.

Meine Frau ist schon vor dreizehn Jahren gestorben. Meine beiden Kinder sind tödlich verunglückt. Ich habe drei Enkel und sechs Urenkel.

In Freiburg wurde ich geboren. Wanderungen im Schwarzwald waren für uns Jungen die Hauptsache. Ich bin früh selbständig gewesen. Im Gymnasium habe ich mir durch Stundengeben meinen Lebensunterhalt verdient. In der Oberprima, kurz vor dem Abitur, habe ich ein paar Stunden Karzer bekommen, weil ich eine verbotene Schülerverbindung geführt habe, die Nachahmung einer Studentenverbindung. Das war damals eine große Sünde. Wir hatten unsere Kneipen, und ich war der Fuchsmajor. Ich habe sehr darauf geachtet, das nichts übertrieben wurde. Ich war in meinem Leben nie betrunken.

Arthur im Jahre 1906.

Von früher Jugend an war ich Republikaner und Sozialist, aber nicht in einer Partei. Ich wollte unabhängig bleiben. In meiner Jugendzeit kam allerhand an Neuerungen. Eines Tages zeigte mir mein Onkel einen Apparat mit einer kleinen Walze und so einem Trichter wie eine Friedhofsvase. Er hat dann den Kasten aufgezogen und den Stift eingesetzt, auf einmal kam aus dem Trichter heraus: „Alleweil sind die Bau're b'soffe, alleweil sind die wieder b'soffe …" Das war ein Phonograph.

Schon damals war es meine Absicht, mein Leben dem sozialen Dienst zu widmen. Am 31. Juli 1914 habe ich noch die Abiturientenrede gehalten, und am anderen Tag war Mobilmachung. Und wenige Tage später habe ich mich wie viele andere freiwillig zum Militär gemeldet. Fünf Jahre bin ich Soldat gewesen. Seit ich damals in Spanien war, trage ich eine Baskenmütze, sie ist gewissermaßen mein Markenzeichen.

Vor dem Zweiten Weltkrieg habe ich mich gedrückt. Den habe ich für falsch gehalten. Weil ich kein Nazi war, wurde ich 1933 aus Baden verbannt und kam nach Siegburg.

1945 bei Kriegsschluß war ich in Mannheim Direktor des Arbeitsamtes. Da kam von den Nazis der Befehl, daß alle ausländischen Zwangsarbeiter zu Fuß mit Frauen und Kindern nach Heilbronn laufen sollten, und das war im Januar! Ich habe den Nazigrößen in Mannheim gesagt: Ihr könnt mit mir machen was ihr wollt, das mache ich nicht! Und ich habe mich durchgesetzt.

1951 wurde ich aus Stuttgart, wo ich im Wirtschaftsministerium war, nach Heidelberg berufen, um hier Leiter des Versorgungsamtes zu werden. Das habe ich dann elf Jahre lang geleitet. Wir versorgten die Kriegsversehrten, Hinterbliebenen und Witwen.

Mein Lebensinhalt war der leitende Posten im Sozialdienst. Drei Arbeitsämter habe ich geleitet. Bei meinem Abgang aus dem Beruf erhielt ich das Bundesverdienstkreuz erster Klasse. Für Heidelberg habe ich einiges getan, zum Beispiel den St. Martinszug wiederbelebt und den Philosophenweg erneuert, der völlig vernachlässigt war. Das hat mich zwanzig Jahre beschäftigt. Dort oben ist eine Anlage entstanden, die einmalig in Deutschland ist. Es gibt Pflanzen aus dem Mittelmeerklima, aus Amerika und Asien. In der Zwischenzeit sind das bis zu fünfzehn Meter hohe Bäume geworden. In den letzten

Dr. Tischer in seinem Arbeitszimmer.

Jahren haben wir Palmen gepflanzt, die auch im Winter draußen bleiben können. Der Philosophenweg ist durch seine Lage der wärmste Punkt in Deutschland, fast so warm wie Meran in Italien. Klimastudien, die ich veröffentlicht habe, besagen, daß Heidelberg der wärmste Ort in Deutschland ist, noch wärmer als Freiburg. Hier wachsen Tausende von Eßkastanien. Für meine ehrenamtliche Tätigkeit in Heidelberg erhielt ich die Bürgermedaille.

Wenn man so will, bin ich auch Hobbybotaniker. Ich bin ziemlich weit im Mittelmeergebiet herumgekommen und habe da meine Kenntnisse erweitert. Viele Jahre habe ich wissenschaftlich an den sogenannten lebenden

Steinen gearbeitet und dazu Expeditionen nach Südafrika geleitet und selber viele Neuheiten beschrieben, die den Artnamen nach mir haben, zum Beispiel die *Cholophytum Tischeri*. Für die Zeitschrift „Kakteen und Sukkulenten" habe ich jahrzehntelang gearbeitet.

Die Philosophie hat mich dann auch sehr beeindruckt, vor allem die griechische und römische Stoa. Sie hat mich gelehrt, die Umstände des Lebens gelassen hinzunehmen. Ich habe drei Grundsätze, nach denen ich mein Leben eingerichtet habe: Mäßig in allem, tätig sein und Gelassenheit. Ich habe mich auch mit den östlichen Religionslehren befaßt, dem Islam und dem Buddhismus. Es ist etwas dran!

Dr. Arthur Tischer beim Zubereiten der täglichen Suppe.

Medikamente nehme ich nicht, aber die Lebensumstän-
de sind jetzt so, daß ich so schnell als möglich auf den
Friedhof kommen will. Ich bin fast blind und kann fast
nicht mehr gehen. Freunde habe ich praktisch keine
mehr. Hier am Schreibtisch bin ich jetzt nicht mehr so
oft. Im Winter wohne ich nur noch in einem Zimmer,
ich kann die anderen Zimmer nicht mehr heizen, das ist
ja alles Kohlenheizung.

  Ein Urenkel trägt noch meinen Namen. Ich habe ihm
jetzt den ganzen Klimperkram übergeben, ein Dutzend
Auszeichnungen, in einem Kasten gerahmt.

Zu jedem Anlaß ein Gedicht

Ich werde so alt, wie der Methusalem – dreihundert Jahre! Das werde ich natürlich nicht, aber ein bis zwei Jahre möchte ich noch leben, wenn der Kopf klar bleibt und ich noch alles alleine machen kann.

Für meine Beerdigung habe ich schon alles geregelt, ich kann also morgen die Augen zu machen, und alles geht seinen Gang. Das war mein größter Wunsch, alles selbst geregelt zu haben.

Ich komme aus dem Mittelstand. Mein Vater war ein Fleischermeister. Bis zum achten Lebensjahr bin ich auf die Dorfschule gegangen. Zu Hause gab es dann für mich viel Arbeit.

Mit siebzehn Jahren wollte ich auf eigenen Füßen stehen, da bin ich auf ein großes Gut.

Die Herrschaften haben dann das Gut verkauft, und ich wollte mit ihnen nach Thüringen gehen, aber mein Papa schrieb mir: „Dafür bist Du noch zu jung, Du kommst nach Hause!" Also mußte ich nach Hause.

Ich habe zu jedem Anlaß ein Gedicht gemacht. Die Reime habe ich nicht aufgeschrieben, die sind alle in meinem Kopf. Als ich meinen Mann kennenlernte, reimte ich:

Ich ging am Wiesenrand,
am anderen Rand ein Blümelein stand,
es schaute mich an
und lächelte mir zu,
das Blümelein, das warst du.

Zu meiner Verlobung ist dieses entstanden:

Beim Dämmerlicht klopft es ganz leise an meine Tür.
Ich öffnete, du standst dafür.
Oh, nein, noch darf's nicht sein!
In mein Kämmerlein
Kommst du noch nicht herein,
Da schlaf ich ganz allein!

Am 16. September 1924 haben wir die Ehe geschlossen. In unserer Familie sind sieben Kinder, fünf Töchter und zwei Söhne. Das war mein größter Stolz! Eine Tochter ist leider am 9. November 1945 an Diphtherie gestorben.

1945 sind wir Hals über Kopf weg. Das ging über Nacht. Ich habe nur ganz wenig gepackt, mein Mann war ja nicht da. Es muß weitergehen, dachte ich. Die Züge standen bereit, und dann sind wir nachts zur Bahn. Bis Konradstein sind wir gekommen, dort wurden wir evakuiert. Nach drei Wochen mußten wir weiter bis Berlin, von Berlin nach Neustrelitz und dann nach Wüstenhagen. Da habe ich bis vor acht Jahren gewohnt, meine alte „Villa" steht noch.

Als die Kinder verheiratet waren, habe ich zu meinem Mann gesagt: „Jetzt wollen wir leben!" Wir sind gereist. Ich bin weit in der Welt gewesen. Wir waren in der Schweiz und in Holland, die hatten ja eine Abmachung, daß die Bürger von der DDR rein konnten. Ich war zweimal an der Ostsee und einmal an der Nordsee, auf Helgoland. Wir haben viel Schönes gesehen und unser Leben genossen. Ich habe gern getanzt, ich habe gern gelesen und bin gern geschwommen. Arbeit war noch genug im Haus, deshalb bin ich gesund geblieben.

1970 blieb ich allein zurück. Mein Mann und ich hatten noch im Garten gearbeitet, und er ist in meinen Armen gestorben. Der älteste Sohn ist jetzt fünf Jahre tot. Ich habe achtzehn Enkel und sechs Urenkel.

Ich glaube, das Idealste war das Kaiserreich. Ich habe das Buch „Mein Kampf" gelesen. Er wollte sonnige und luftige Wohnungen bringen … na, das hat er ja wohl auch! Unter seiner Regierung sind zwar die ganzen Straßen und Autobahnen gebaut worden, und er hat die Arbeitslosen von der Straße geschafft, aber wie lange hat's gedauert, dann war alles am Ende! Hitler hat gesagt: „Ich weine dem deutschen Volk keine Träne nach, sie haben es nicht besser verdient".

Einen dritten Krieg wird's nicht geben, nee! Einen Kopf haben sie doch alle! Aber man hätte einiges ändern können in der heutigen Zeit. Wie sieht's denn aus? Sie möchten alle arbeiten, aber Arbeit gibt es nicht! Die Kinder sind auf der Straße. Alles ist teuer!

Ich lebe jetzt vier Jahre hier in diesem schönen Haus. Ich bin der Leitung des Hauses sehr dankbar. Ich habe liebe Schwestern, die sind ja wie Mütter. Am liebsten sitze ich am Fenster oder auf dem Balkon, und lasse den Tag an mir vorüber gehen.

Das junge Ehepaar Gronau.

Zu meinem hundertsten Geburtstag habe ich gereimt:

Schön war die Zeit, als ich jung war,
Da lebte ich im Kreise meiner Lieben,
Und ich wurde alt.
Sie wurden groß und gingen fort,
Meine Hände sind kalt –
Hundert Jahre bin ich nun alt.

Thekla Gronau mit Martina Stanscheck vor dem Altenheim
in Feldberg.

Mit meinem Mann bin ich „in Schnitt" gegangen

Als die Beerdigung zu Ende war, wollten mich verschiedene von den Großbauern haben. Mein Onkel hat gesagt: „Ick bin Vormund von ihr und nehm 'se mit!"

Mit acht Jahren hab ich Vater und Mutter verloren. Neun Geschwister sind wir gewesen, und wir kamen alle auseinander.

Mit vierzehn bin ich nach Berlin jemacht. Ich hab ne gute Stelle gehabt, da waren erwachsene Kinder gewesen: Fräulein Grete, Fräulein Charlotte, Fräulein Gertrud … sechs Kinder. Die waren sehr gut gewesen, die Herrschaften. Ich sollte ein bißchen kochen und alles lernen.

Da waren zehn Zimmer! Ich denke manchmal heute noch dran!

Denn war noch eine Stelle, das war bei Juden gewesen. Mit der alten Frau Rieselberger bin ich dort hingegangen. Das war auch nicht schlecht bei den Juden, die hatten eine große Wäscherei in Berlin.

Da war aber der Krieg, in Berlin ist alles durcheinander gewesen, nur Versammlungen, Versammlungen! Mensch, denk ich, jetzt hau ick ab, jetzt geh ick uff'n Lande!

Das war sechzehn. Ne ganze Ecke weg hat mich denn ein Bauer gemietet. Die fünf Jahre waren schön gewesen.

Dann hab ich geheiratet. Wir wohnten in Limritz, das ist zwischen Frankfurt und Küstrin.

Am Anfang bin ich mit meinem Mann „in Schnitt" gegangen. Kennen Sie das?

Da packt man seine Sachen in einen Koffer oder in so eine Truhe, und die Betten kommen in den Sack rein, und dann fährt man. Wir waren nicht so weit weg. Gewohnt haben wir in einem Zimmer. Da war extra eine Kochfrau. Am Abend zuvor hat jeder seinen Topf auf die Maschine gestellt für das Essen. Bei den Kartoffeln war es schwer. Ich war klein und mußte die Körbe auf die Schulter nehmen zum Ausschütten auf den Wagen. Wenn wir abends dann alle zusammen waren, das war auch schön! Ich hatte nachher drei Zentner Weizen mit nach Hause gebracht und fünf Zentner Korn. Das haben wir beim Müller mahlen lassen. Etwas Korn haben wir meiner Schwiegermutter gegeben, die hat eine Kuh gehabt. Geld hat man auch bekommen. Wenn die Zeit zu Ende war, im Herbst, mußten wir einpacken, dann ging es nach Hause! Man freut sich, wenn man wieder in seine Wohnung kommt!

Mein Mann war dann bei Kassner, die hatten Kohlenhandel, Getreide, Mehl und alles. Das Getreide mußte mein Mann immer mit den Pferden von Küstrin holen.

Sechs Jahre bin ich in den Wald gegangen zum Bäume pflanzen, nur auf der Erde sind wir gekrochen! Wir sind auch noch Stubben roden gegangen, das ist nicht so einfach!

Kinder? Ich habe eine Tochter. Einen Haufen Kinder, das fehlte noch! Nee, so verrückt war ich nicht, ein Kind hat dicke gereicht. Ich war gar nicht so hinterher mit den Sachen!

Am 2. Februar 1945 war die Front in Küstrin an der Oder. Wir waren nicht evakuiert. Die Flüchtlinge aus Ostpreußen zogen bei uns vorbei, und wir haben denen Kaffee gekocht und geholfen, aber wir haben gedacht, zu uns kommen die Russen nicht. Dann standen sie schon vor der Tür. Wir mußten alle raus und uns auf der Dorfaue aufstellen.

Mitnehmen durften wir gar nichts. Wir wurden gesiebt: Ältere dahin, Jugendliche dorthin und die Männer wieder woanders hin. Meinen Mann habe ich nicht wiedergesehen. Meine Tochter, die war neunzehn Jahre, mußte mit den Jugendlichen weiter nach Posen. Wir

Anna Röseler (zweite Reihe links) bei der Goldenen Hochzeit der Eltern 1930. Hinter ihr steht Ehemann Karl, Tochter Ilse sitzt zwischen den Cousinen.

hatten eine große „Muna" und ein Zuchthaus in Sonnenburg, und weil viele erschossen worden sind, mußten wir drunter leiden.

Ich kam nach Eulam und mußte für die Russen kochen und die Kühe treiben. Das war nicht so einfach! Der Russe war aber nicht so schlecht wie der Pole, der hat uns dann viel schlechter behandelt. Aber das Vich hat der Russe abgeschossen, und wir mußten kochen. Sie haben in der Küche gesessen und immer gesagt: „Das schmeckt gut, das schmeckt gut!" Meine Tochter war woanders, sie mußte Munition zur Front bringen und Löcher ausschachten.

Als der Krieg vorbei war, hat mich meine Tochter gesucht. Es hieß, daß wir alle nach Hause dürften, aber dann hat uns der nächste Trupp Russen gefangen genommen, und wir mußten einen riesigen Kuhstall ausmisten. Als wir irgendwann endlich nach Hause kamen, war alles weg, und wir mußten in eine einzige Stube. Aber da kam der Pole und hat uns rausgeschmissen. Die jungen Leute mußten in der „Muna" arbeiten. Dort wurde alles abgebaut und nach Rußland transportiert. Zu Fuß mußten wir nach Küstrin und schliefen auf der Wiese. Mit dem Zug sind wir nach Berlin, aber da konnten wir nicht lange bleiben. Eine Verwandte hat gesagt: „Wenn Ihr nicht wißt, wohin, kommt zu uns nach Rhinow!" Wir sind hingefahren, aber fragen sie nicht: Wie?! Die Züge waren übervoll, und wir saßen auf dem Dach. Die Fahrkarten hat einer dem anderen zugeschoben, der Zusammenhalt war damals viel größer als heute. Bei jeder Brücke rief einer: „Köpfe runter!", damit man nicht runtergerissen wurde. Als wir nach Rhinow kamen, war ich so geschafft, daß ich ins Wasser gehen wollte. Aber meine Tochter meinte: „Nein, das tun wir nicht!"

Erst wohnten wir in einem kleinen Zimmer. Im Wald haben wir Holz gesägt und gepflanzt. Das war eine harte und ungewohnte Arbeit, aber was wollten wir machen? Geld haben wir dafür nicht gekriegt, aber Holz. Das haben wir dann verkauft, für die Miete.

Jetzt kriege ich von meiner Tochter immer mein Frühstück ans Bett gebracht. Ich lese noch Zeitung, aber mir ist es, als ob ich den Star auf den Augen hab. Was anderes kann ich mir nicht denken. Nach dem Frühstück wasche ich mich gründlich, das habe ich schon beim Bauern gemacht, da bin ich jeden Morgen in den Graben

gegangen, und danach habe ich mich mit zwei Eimern warmen Wasser noch ganz gründlich abgewaschen. Meine Tochter zieht mich an, und ich kämme mir dann meine Haare und creme mich ein. Am Fenster hier sitze ich am liebsten, aber ich kann nicht richtig sehen, wer vorbeigeht.

Wie lange muß ich mich noch quälen, ich hab ja nichts mehr vom Leben. Es ist jetzt genug!

Das Haus von Anna Röseler in der Lilienthalstraße.

Tochter Ilse liest aus der „Märkischen Allgemeinen" vor.

PROF. DR. DRS. H. C. HANS-GEORG GADAMER,
HEIDELBERG, *1900

Es gibt Grenzen unserer Macht

Es ist für mich ungemein schwierig, nun noch einmal zu einem 100. Geburtstag der Öffentlichkeit gegenüber eine Art Rückblick zu geben. So frage ich mich heute nur, wieweit die letzten fünf Jahre wesentlich neue Gesichtspunkte für meinen Rückblick auf mich selbst beigetragen haben.

Wohl selten ist die abendländische Kultur zu einer solchen globalen Ausdehnung genötigt worden, wie es inzwischen mehr und mehr der Fall ist. Da hat man eine Art Europa gebildet und weiß doch zugleich, daß es um etwas anderes geht, als um solch einen Teil des Ganzen der heutigen Menschheit. Die Erfahrung der letzten fünf Jahre lehrt überdies, wie schwer es ist und bleiben wird, die verschiedenartigen Kulturen und Länder zu einem gemeinsamen Denken zu bewegen.

Für eine wirkliche Integration in die Zugehörigkeit zu einem solchen großen politischen Gebilde wie Europa zeigen wir uns in kritischen Augenblicken immer wieder in außerordentlicher Verlegenheit. Das hat sich selbst bei dem Versuch erwiesen, das Auseinanderfallen des früheren Balkan durch Einbeziehung unserer eigenen Kräfte und Interessen zu kontrollieren.

Es hat etwas Beunruhigendes, zu sehen, wie eine Koexistenz von uns verlangt wird und wie wir gleichzeitig eine Ausspielung von Gewalt antreffen.

Wer eigene Lebenserfahrungen gemacht hat, wird die Fragwürdigkeit empfinden, wenn ihm allzu große Regelungen unseres Verhaltens zugemutet werden. Es gibt Geheimnisse, die der Macht des Machenkönnens widerstehen. Dazu gehört die Unheimlichkeit des Todes. Kürzlich habe ich schon einmal in einem Aufsatz darauf hingewiesen, ob das berühmte Thema des Wissens um das sichere Datum unseres Todes einem Menschen zugemutet werden kann, ohne seine Lebenskraft zu brechen. Da hat man sich auf amerikanische oder andere Einrichtungen der statistischen Errechnung und Vorausschau der Todesdaten berufen, aber muß man sich nicht fragen, wie das für die Menschen im Ganzen, für ihre Ängste und für ihre Hoffnungen und damit für unsere Le-

benskraft wirken würde, wenn es allgemein würde? Es hilft nichts, wenn man da alles einer Regelung unterwirft, in der man sich zu bewegen genötigt sieht. So sind es gerade die Grenzen unserer Macht, an die wir stoßen.

Beginnen wir mit der Rolle der Familie und der Schule. Ich war gerade vier Jahre geworden, als meine Mutter starb. Der Tod meiner Mutter war ein jahrelanges Siechtum, das über meinen frühen Kindheitsjahren wie ein Schatten liegt.

1906 begann mein erstes Schuljahr in Breslau, wohin meine Eltern gezogen waren. Der Lehrer war zwar etwas grob und warf einem manchmal die Kreide an den Kopf, wenn man nicht recht aufpaßte. Aber das hat nur andere, nicht mich getroffen. Nur, als ich deutsche Grammatik auswendig lernen sollte: „ich, meiner, mir, mich usw.", das wollte mir gar nicht gelingen. Inzwischen hatte ich meine treffliche Stiefmutter, eine Schulfreundin meiner verstorbenen Mutter, was offenbar auch mit meinem Vater schon vereinbart war. Nach einigen Jahren gab mein Vater die Privatwohnung im Institutsgebäude für Pharmazeutische Chemie auf, weil er die Räume benötigte.

Wir zogen in eine große schloßartige Villa mit einem riesigen Garten, und auch sonst war alles voll von neuen Wundern: Statt Gaslicht gab es elektrisches Licht, die Zimmer wurden mit riesigen Kachelöfen bis an die

Der Gymnasiast Gadamer.

Decke beheizt, und es gab sogar ein Telefon im Haus. Nummer 7756, die einzige Telefonnummer, die ich nach so vielen Wechseln noch weiß. So siegt die Kindheit jetzt über die reiferen Jahre.

Mit der Schulzeit begann der Abschied vom Spiel, und mit dem Schulwissen meldeten sich die eigenen Interessen, so daß ich Freude am Lernen hatte. Nur was einem Freude macht, wird man im Rückblick als eigene Erfahrungen begrüßen. Da habe ich zu berichten, daß ich sehr früh schon Freude an Dichtung hatte.

Ich war etwas mehr als zwölf Jahre alt, als ich von einem uns Kinder begleitenden Lehrer den Namen Stefan George hörte, der mit gedämpfter Anerkennung genannt wurde. Daraufhin begann ich mir ein bißchen Geld zu sparen, indem ich meinen Schulweg nicht über die Straßenbahn nahm, sondern zu Fuß ging. Von dem so ersparten Geld kaufte ich mir dann ein Reclam-Buch zur modernen Lyrik.

In der ganzen Kriegszeit hatte ich schon durch Theater und Lektüre eine gewaltige Menge gelesen, insbesondere Shakespeare und die Klassiker. Aber auch Dante gehörte dazu.

Ich fand bald Anschluß an Studenten und Studentinnen, die den gleichen Schulweg hatten. Ihnen verdanke ich eine für mich ganz wichtige Lektüre, das kleine Buch von Theodor Lessing mit dem Titel „Europa und Asien". Da wurde mit kritischer Schärfe das Europa beherrschende Leistungsethos behandelt. Zum ersten Male hörte ich etwas von andersartigen Kulturen in Asien und ohne Leistungsethos. Elternhaus und Schule hatten Leistung als eine Selbstverständlichkeit verlangt. Etwa gleichzeitig las ich von Thomas Mann „Betrachtungen eines Unpolitischen", die meine politischen Interessen belebte, insbesondere, als dann auch die Studentenschaft politische Vorträge organisiert hatte, in denen einige hervorragende Redner die Parteien der neuen Republik zur Darstellung brachten.

An der Universität besuchte ich vor allem die Vorlesungen zur Germanistik und zur Geschichtswissenschaft.

Aber bald entdeckte ich einen Lehrer der Philosophie.

Richard Hönigswald, der ganz ohne Pathos, allein durch seinen Scharfsinn und seine Nähe zu den Sachen selber, mich plötzlich faszinierte. Auf einmal wußte ich: Das will ich können.

Es war zugleich das Ende meiner Breslauer akademischen Erinnerungen, weil mein Elternhaus von Breslau nach Marburg verlegt wurde. Und nun geriet ich in eine ganz philosophische Luft zwischen Kunst und Philosophie.

Das war freilich alles wenig im Sinne meines Vaters. Er erhoffte von mir, ich würde so wie er selber in den Naturwissenschaften etwas für das ganze Wohl der Menschheit Nützliches schaffen. Ich gab mir die allergrößte Mühe, bei meinen Lehrern, Paul Natorp und Nikolai Hartmann, philosophische Forschung zu lernen, und konnte mit 22 Jahren bereits nach gründlicher Lektüre von Plato mit einer Dissertation den Erfolg meiner Studien beweisen.

Gerade in dieser Situation erkrankte ich an Kinderlähmung, die damals in der hessischen Gegend eine wahre

Epidemie war. Immerhin, ich habe es überlebt.

Als ich in Freiburg meine Studien bei Husserl und Heidegger fortsetzte, war das wie ein neuer Anfang. Ich verdankte der scharfen Kritik Heideggers, daß ich nun zu meinen Plato-Studien und Aristoteles-Studien eine gründliche klassisch-philologische Ausbildung suchte. So kam es, daß ich etwa nach vier Jahren mein Staatsexamen für das höhere Lehramt ablegte und wiederum sehr bald danach mich in Philosophie habilitieren konnte. Ich habe dann meine philosophischen Studien in den kritischen dreißiger Jahren ganz auf die griechische Philosophie konzentriert.

Es würde zu weit führen, wie das aussah und ebenso wie ich schließlich nach Leipzig kam und nach dem Ende des Dritten Reichs nach Frankfurt und dann hier nach Heidelberg.

Als ich den Ruf nach Heidelberg erhielt, war das keine völlige Überraschung. Ich hatte schon seit längerem durch den Umgang mit Heidegger, aber auch durch die Arbeiten von Jaspers meine eigenen Forschungsideen

Gadamer als Student.

die nächsten zehn Jahre mit der Vorbereitung auf ein solches Buch. Als meine lang vorbereitete Arbeit 1959 vollendet war, entschieden wir uns schließlich für den Titel „Wahrheit und Methode", weil der Begriff der „Hermeneutik" meinem Verleger noch zu unbekannt schien. Die Reaktionen auf das Erscheinen meines Buches lehrten dann aber bald, daß der Begriff der Hermeneutik bekannt werden würde. Damals dachte ich mir noch, daß es überhaupt keine zweite Auflage geben würde, zumal es immerhin 5000 Exemplare waren. 1964 wurde dann eine zweite Auflage fällig, usw.

Da Philosophie ja kein Schulfach ist, gingen manche Unruhen an uns Philosophen vorbei, die durch die sogenannten Achtundsechziger anderswo Schwierigkeiten bereiteten. Leider wurde ein solcher Fall auch in unserem Fach fühlbar und endete mit dem Selbstmord des angegriffenen Dr. van der Meulen. Ich selber wurde nach meiner Emeritierung zunächst durch die Präsidentschaft der Akademie festgehalten, aber ich wagte doch bald eine erste Reise nach Übersee.

Bei allem Reichtum an Erfahrungen und Anregungen, die ich in meiner Stellung in Heidelberg fand, fehlte eben doch das, was spätere Generationen schon in jüngeren Jahren kennenlernten, nämlich die Philosophie der anderen Länder und anderen Sprachen. So holte ich das Versäumte nach, indem ich bis in die achtziger Jahre regelmäßig je ein Herbstsemester in den Vereinigten Staaten und vier Jahre in Kanada (in McMaster und Toronto) verbrachte. Zum Glück konnte ich gut Französisch. Aber ich hatte erst einmal mein Englisch zu verbessern, das unter diesen Umständen etwas amerikanisch klang. Aber es öffnete sich damit im Laufe der Jahre, in denen ich nicht mehr durch Vorlesungspflichten in Heidelberg festgehalten war, ein weiter Horizont, und ich begann meine Reisen in Europa, insbesondere mit der französischen Sprache.

Mit den nahenden 90er Jahren war ich aber gleichzeitig mit dem Aufbau der schließlich auf 10 Bände angewachsenen Ausgabe meiner Gesammelten Schriften beschäftigt. Auch diese Publikation brauchte ihre zehn Jahre.

So fand sich in der Tat eine treue Schülerschaft, die nicht zuletzt von jüngeren Kollegen gebildet war, die ehedem meine Studenten gewesen waren.

entwickeln gelernt. Freilich mußte man auch jetzt vieles nachholen, was in normalen Zeiten selbstverständlich gewesen wäre. Die Generation, der ich angehörte, war ja noch nie wirklich über die Grenzen Deutschlands hinausgekommen. Es gelang mir, die schweren Folgen der zwei Weltkriege langsam auszugleichen.

Der Kontakt mit den Studenten fiel mir nicht schwer, wenn ich auch so anders war als mein Vorgänger. So sagten sie damals, Jaspers habe zu allem eine Antwort gegeben. Ich hätte zu jeder Frage am Ende immer „das weiß ich nicht" gesagt. Aber solches Denken über offene Fragen war auf die Dauer der richtige Weg zur Philosophie. Die Studenten übten geradezu einen Druck auf mich aus, der wohl auch von anderer Seite kam, daß ich auch einmal ein größeres Buch vorlegen müßte. So begann ich

Käte und H.-G. Gadamer in ihren ersten Ehejahren. Er sagte ihr damals: „Du mußt allerdings keine Illusionen haben. Ich bin jetzt fünfzig Jahre, also sehr alt werde ich nicht."

Das Ehepaar Gadamer im Arbeitszimmer.

Meine Begegnung mit ihnen enthält immer wieder neue Anstöße für die eigene Arbeit. Das gilt auch noch für die in Amerika gewonnenen Schüler. Im Jahre 1995 ist der letzte Band der Ausgabe erschienen, der zugleich einen Rückblick auf das Ganze erleichterte.

Seitdem habe ich mich etwas mehr der schwierigen Aufgabe gewidmet, die ich selber aus meinen Erfahrungen als besonders dringlich empfand. Es ging und geht ja darum, in den sogenannten höheren Schulen eine Allgemeinbildung zu vermitteln und den Übergang zu den Hochschulen zur gründlichen wissenschaftlichen Ausbildung vorzubereiten. Damit war zugleich für die heranwachsende Jugend eine gewisse Erweckung von Interessen verbunden. Im Grunde kommt es dabei nicht so sehr auf das schon früher in der Schulzeit erworbene Wissen an, sondern auf die Freude am Lernen, die man für die Studienfächer an der Universität mitbringen muß. Die eigentliche Aufgabe der höheren Schule ist nicht primär

die wissenschaftliche Ausbildung, sondern die Weckung der Lust zum Lernen. Freilich ist die Philosophie nicht mit anderen Berufen zu vergleichen. Wer weiß schon, was unter dem Titel Philosophie auf ihn wartet und was er an wissenschaftlicher Forschung dafür treiben muß.

Es ist nicht ganz leicht, den Übergang von der Schulzeit zu der Spezialisierung der akademischen Jahre zu finden, ohne enttäuscht zu sein. Man mißversteht die Philosophie, wenn man darin ein Fach wie jedes andere zu sehen meint. Sie kann nicht irgendeine andere Wissenschaft ersetzen. Diesen Rat muß ich jedem Anfänger geben.

Prof. Dr. Gadamer schrieb anläßlich seines 100. Geburtstages einen Aufsatz, der hier mit freundlicher Erlaubnis des Autors in Auszügen wiedergegeben wird.

Auch nach dem Hundertsten ein „Borussen-Fan"

Tante Maria ist die Schwester meines Großvaters Heinrich Otten. Anfang der fünfziger Jahre besuchten meine Eltern und wir Kinder Tante Maria und Onkel Karl in Reydt zum ersten Mal. Sie tat uns leid, war sie doch bereits seit 1958 verwitwet, und auch mein Großvater, der ihr Lieblingsbruder war, war bereits gestorben. Ihre beiden Söhne waren im Zweiten Weltkrieg gefallen. Als Tante Marias Leben schwerer wurde, zog sie in das Altenheim St. Elisabeth nach Bad Hönningen. Sie kannte Bad Hönningen von Kuraufenthalten und unternahm den Schritt in die Fremde. Von da an besuchten wir sie erst sporadisch und dann regelmäßig.

Tante Maria war uns jungen Leuten gegenüber aufgeschlossen, wir interessierten sie, und wir hörten auf ihren Rat. Nun lebt sie schon 33 Jahre hier.

Sie ging regelmäßig ins Freibad am Rhein, setzte sich auf eine Bank und versuchte mit jungen Menschen ins Gespräch zu kommen. Der Grund war sicher, dadurch über den Tod ihrer beiden Söhne hinwegzukommen, die beide noch 1945 im Krieg bzw. in russischer Gefangenschaft umgekommen waren. In ihren Gedanken waren ihre Söhne Karl-Heinz und Paul stets präsent. Sie wurden nur fünfundzwanzig und zwanzig Jahre alt. Diesen

Maria und Karl Laqua.

Im Taufregister wurde noch Latein geschrieben.

tiefen Schmerz hat Tante Maria nie überwunden. Mit 103 Jahren, 48 Jahre nach Kriegsende, rief Tante Maria plötzlich: „Schnell, wir müssen über den Rhein, die Russen kommen!"

Tante Maria hatte eine Leidenschaft, sie begeisterte sich für Fußball. Berti Voigts war ihr Star und mit ihm Borussia Mönchengladbach. Sie sah jedes Fußballspiel im Fernsehen, und später, als die Augen nicht mehr mitmachten, verfolgte sie die Spiele im Radio, sogar über ihren 100. Geburtstag hinaus. Bevor ich sie besuchte, lernte ich Fußballergebnisse auswendig, was zwecklos war, denn ich war für sie kein geeigneter Gesprächspartner.

Noch eine Leidenschaft hatte sie. Als junge Frau arbeitete sie als Hausmädchen bei „Herrschaften". Dort erwarb sie sich fundierte Weinkenntnisse, und bis ins hohe Alter hinein trank sie ihr Glas Wein mit Genuß. Im Alter wurde sie mißtauisch, sie schimpft auch heute laut, wenn ihr etwas nicht paßt.

Von den Kochkünsten, die sie sich als Hausmädchen angeeignet hat, profitiere ich heute immer noch. Ich koche à la Tante Maria.

Hier, in Bad Hönningen, wird sie liebevoll gepflegt. Sie hat es gern, von den Schwestern „Laqui-Mäuschen" genannt zu werden. Seit sie fest im Bett liegt, ist es einsam um sie herum geworden. Als Besuch komme nur ich mal, und ich weiß nicht, ob sie mich überhaupt wahr nimmt. Das Pflegepersonal erlebt sie ganz anders: Sie schimpft oder ist guter Dinge. Das Radio möchte sie immer hören.

111 Jahre ist Tante Maria und jetzt die älteste Deutsche. Ihre Devise war immer: Komme ich über meinen Geburtstag, so komme ich über das ganze Jahr! Bisher hat sie recht gehabt.

Ursel Soenke

Familienfoto mit den Söhnen Karl-Heinz und Paul.

Ursel Soenke bei Tante Maria im Altenheim.

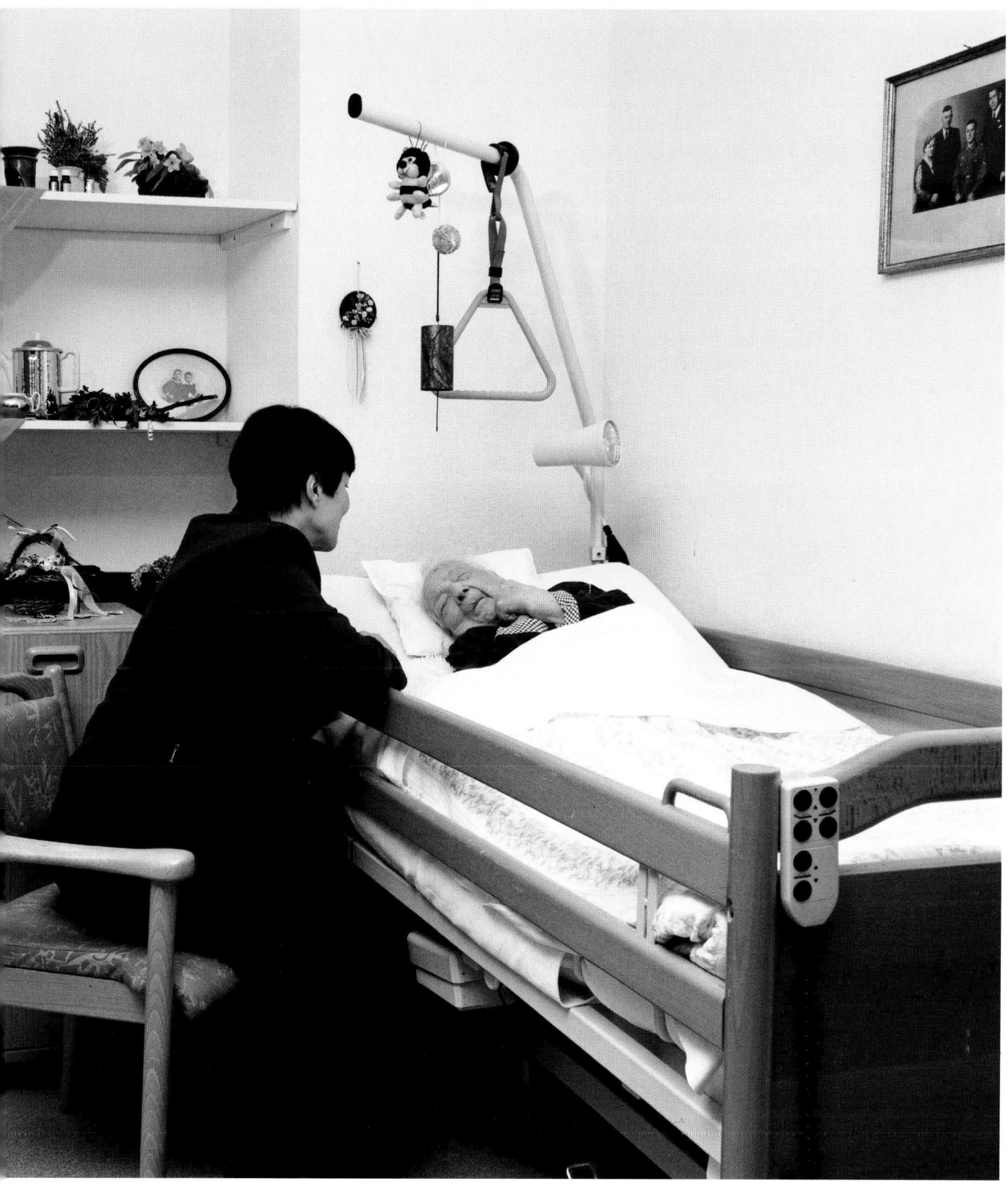

Kennen Sie die Liwanzen ?

Ich war sechs Jahre, als mein Vater gestorben ist. Wir waren daheim zwölf Stück, die Älteste fünfzehn Jahre und das Jüngste zweiundzwanzig Wochen. Da hat's noch keine Rente gegeben, und Mutti mußte zur Arbeit gehen. Die größeren Kinder mußten die Ziegen hüten und heuen gehn.

Mutter war streng! In unserem großen Garten haben wir gern das Obst von den Bäumen geschüttelt, dafür haben wir oft Geschimpftes gekriegt, und eine Watschen hat's auch schnell gegeben. Wir sind viel in den Wald gegangen, Schwammerln suchen und Schwarzbeeren, die sind verkauft worden oder für die Herrschaften, daß ein paar Kreuzer reingekommen sind.

Wir haben Steinchenhupfen und so 'n Zeug gespielt. Man malte Kreidekästchen, und dann hupfte man mit einem Stein oder Glas auf dem Arm, und das durfte nicht runterfallen.

Und Hühnerwarten haben wir oft gemacht, einer ist 'naufgegangen und hat die Hühner gefangen, und der andere hat fühlen müssen und warten, ob es ein Ei leget.

Das gibt's alles nimmer. In der Schule war's, wie es halt in Schulen so war. Wir hatten nur drei Klassen. Ich hab nix wie Baatzen gekriegt, oder ich mußte raus oder hinter der Tafel stehen. In die Schule haben wir zwei trockene Brote und Ziegenmilch zum Kaffee mitgekriegt.

Unser Dorf hieß Altenteich, das ist im Egerland, nicht weit von Franzensbad. Es gab ein großes Gut, und weil wir arm waren, kriegten wir von den Herrschaften einen Zettel, dafür gab's ein paar neue Schuhe. Ach, haben wir da eine Freud gehabt! Sie haben viel Geld für uns ausgegeben.

Im Dorf gab es eine Schmiede, eine Faßbinderei und alles, was man so brauchte. Wir hatten einen kleinen Laden, aber als mein Vater gestorben ist, hat den meine große Schwester gekriegt. Mutter hat nach Vater noch zweimal geheiratet, und immer hat sie Witmänner mit Kindern geheiratet, zuletzt waren wir vierundzwanzig. Wir haben immer gesagt: „Meine – deine – seine – unnere!"

Im Dorf war eine große Kapelle, da hat mein Bruder ministriert, dafür gab's im Monat eine Krone. Die hat er sich gespart. Wie er als Kellner ausgelernt hat, konnte er sich von dem Geld einen Anzug kaufen.

Ich hab nichts gelernt. Nach der Schule ging ich in eine Spitzenweberei bei Plauen. Ich saß an der Maschine, und wenn ein Fehler war, hab ich ihn ausbessern müssen.

Tanzen gehen konnte man für eine Krone. Wir haben da auch gern etwas Saures gegessen, Kuddelfleck oder saure Lunge für vier Kreuzer. Beim Tanzen lernte ich meinen Mann kennen, aber nach dem Krieg war ich schon Witfrau. Ich hab in den Jahren fünf Ziehkinder gehabt, das waren vier Enkel und eine Urenkelin.

Bei der Gendarmerie habe ich gekocht. Dort war ein Büro, da haben lauter Tschechen gearbeitet, nur einer war ein Deutscher.

Kennen Sie Liwanzen? Milch, Mehl, Ei, Salz und ein wenig Hefe. Die haben sie am liebsten gemocht, mit Schwarzbeeren! Aber auch Rindfleisch mit Kren und geriebenen Äpfeln. Kren ist gesund, aber man kraint davon. Hochdeutsch ist das Meerrettich.

Gewaschen für die Herrschaften habe ich auch. Buckelkörb voll Wäsch! Den ganzen Tag in der Waschküchen: rumpeln, bürsten, Wäsche auflegen, rumpeln und bürsten …

Anna Stephan im Jahre 1923 mit ihrem Bruder
und ihrer ältesten Tochter.

Wie wir nach dem Krieg ausgesiedelt worden sind, sind
die Tschechen gekommen und haben gesagt: „Bis um
zwölf müßt ihr fort!" Fünfzig Kilo haben wir mitnehmen dürfen. Na, was haben wir mitgenommen: Ein Fe-
derbett und ein wenig Zeug, und da waren die fünfzig
Kilo weg. Dann ist das Auto gekommen und ab ins Lager nach Eger! Zwei oder drei Tage sind wir dort geblieben, weiter ging's nach Regensburg, von Regensburg
nach Neumarkt St. Veit. Hier haben sie gesagt: „Jetzt
kommen die deutschen Zigeuner!" und haben sich versteckt.

Wir sind in eine Kammer gekommen, wo kein Ofen
drin war, und wie wir endlich einen Ofen bekommen
haben, war die Esse so, daß der ganze Rauch zum Fenster reingekommen ist. Wir haben gestunken wie die Zigeuner! Geschlafen haben wir auf einer Pritschen.

Die Leute dort hatten Töpfe mit Löchern, und da haben sie Flicken reingestopft. Der Sohn, der Fritz, hat e'
Suppen gegessen, da war ein alter Lumpen vom Topf
dringewesen. Zum Löten war da nix, die warn streng
arm. „Ein Waldkurort ist das", haben sie gesagt – ein
Kurort! Was glauben Sie, was wir da mitgemacht haben,
mit denen Bauernlackln! Bös waren die, wenn die bloß
das Wort „Flüchtlinge" gehört haben, und der Pfarrer,
der Griesbauer, hat sogar unseren Teppich in die Kirchen
'neigelegt.

Ich hab immer geflickt, gestopft, gestrickt, auch für
die Bauern. Was ich zusammengestrickt hab, lauter Pull-
over, Kinderstrümpfe, Socken und Strumpfhosen! Mindestens zwölf paar Socken hab ich im halben Jahr gestrickt.

Ich hab nix wie gearbeitet, und ich möcht heut noch
arbeiten. Vor meinem Unfall hab ich hier im Heim noch
geholfen und die Handtücher zusammengelegt, aber
jetzt kann ich nicht, weil mein Arm noch in Gips ist.

Anna Stephan im evangelischen Altenheim mit ihren Angehörigen und der Heimleiterin, Schwester Petra.

Schöne Zeit in Nepomuk

In Nepomuk bin ich aufgewachsen, das ist in der Tschechei. Wir waren acht Geschwister aus drei Ehen. Vater hatte drei Kinder, Mutter zwei, und dann haben die beiden noch drei Kinder dazubekommen. Unser Dorf hat so an die dreißig Hausnummern gehabt. Vater gehörte eine Sägemühle. Wir wohnten mitten im Wald, da hat es Beeren und Schwammerln gegeben. Ich kannte viele Pflanzen aus dem Wald, die man essen konnte. Im Winter sind wir Ski gefahren – vom Cherkov runter! Schwarzkoppe heißt der Berg im Deutschen, aber wir haben ihn tschechisch genannt. Wir hatten in der Säge drei Paar Pferde, zwei Paar für's Holz und die anderen für die Kutsche und den Landauer.

Damals hat es den Zichoriekaffee gegeben. Die ganze Familie hat Zichoriekisteln gebaut. Die Brettchen wurden erst gesägt und geleimt, dann sind sie gepreßt worden. Es gab Kisteln für ein viertel Kilo, ein halbes Kilo und für ein Kilo Zichorie. Früh vor der Schule haben wir schon die Kisteln verpackt.

In Nepomuk gab es zwei Wirtshäuser, eine Mühle, einen Kaufladen und eine Kapelle. In der Kirche war alles tschechisch, nur einmal im Monat gab's einen deutschen Gottesdienst. Ich hab damals gedacht: „Mein Gott, muß das schön sein, wenn man alles in der Kirche versteht!"

Die meisten waren so arm, daß sie donnerstags und freitags in der Schule ham frei gehabt, und dann sind die ganzen Kinder rüber nach Waldmünchen gegangen zum Betteln.

Zwei Jahre Volksschule hab ich gemacht, und dann ging ich in Budweis auf die Haushaltungsschule. Budweis war deutsch. Das Budweiser Bier ist das beste, das sagen sogar die Tschechen!

Mein Bruder Wenzel hat im Nachbardorf Klentsch ein Sägewerk übernommen, da bin ich mitgegangen und hab ihm den Haushalt geführt. Mein Bruder Vincenz hat die Säge vom Vater gehabt. 1938 hat Vincenz eine Tschechin aus Prag geheiratet, seine Kinder sind zweisprachig aufgewachsen. Ich konnte alles verstehen in tschechisch, aber ich hab die Sprach nit mögen, und deshalb hab ich's nicht gelernt.

Ich fuhr einen Škoda, damit brachte ich die beiden Kinder morgens zur Schule und holte sie nachmittags wieder ab. Im Winter war es schlimm, weil damals kein Schneepflug gefahren ist.

Mit meinem Bruder Wenzel war ich in Bad Reichenhall und auf Helgoland. Weil ich seekrank geworden bin, war ich froh, als ich wieder heimkam. Nach Marienbad sind wir ins Konzert gefahren, und ins Theater nach Pilsen. In Prag waren wir auch öfter bei den Verwandten.

Als Hitler an die Macht kam, haben wir gar nicht mitwählen dürfen. Mein Bruder Wenzel war Bürgermeister, und zu ihm ist oft der Kreisleiter der Partei zur Jagd gekommen. Später haben die Amis den Kreisleiter erschlagen, obwohl er niemand was getan hat. Mein Bruder ist bei den Tschechen im Gefängnis gestorben.

Die Vertreibung war ekelhaft! Da ist es von einem Lager ins andere gegangen, bis wir im Deggendorfer Kreis ankamen. Bei einem Einödbauern haben wir ein ganz kleines Stübl gekriegt.

1950 kam ich mit zwei Schwestern nach Waldmünchen. Unser Arzt, der Doktor Lechner, der unsere Familie immer betreut hat, nahm uns in sein Haus. Seine Tochter, die Frau Deiser hatte ein Baby, das war mir gleich wie ein eigenes Kind. Seither lebe ich bei ihr, aber ich hab immer meine eigene Wohnung gehabt. Ich bin dann später mit der Frau Deiser mitgegangen nach München, fünfunddreißig Jahre haben wir in Neukeferloh gewohnt. Das war meine schönste Zeit! Ich hab den Haushalt geführt, genäht und gestrickt und mich um die Kinder gekümmert. Den Garten hab ich noch gemacht bis ich neunzig war.

Ich möchte so gerne noch arbeiten, aber ich kann nicht mehr. So müßig rumsitzen, das ist mir nix! Frau Deiser kümmert sich den ganzen Tag um mich. Ich hab noch meine Wohnung in Waldmünchen, aber hier gefällt es mir besser. Ihre Enkel kommen zu mir rein und lesen mir vor oder legen schöne Musikkasetten für mich rein.

Der Pfarrer kommt zu allen Feiertagen zu mir. „Tante Gretel, Skifahren können Sie nicht mehr!" hat er neulich gesagt.

Margarete Mack im Haus von Frau Deiser.

Von der Arbeit kriegte ich nie genug

Ich stamme von Oberschlesien. 1898 ist mein Vater nach Tiergarten in Mittelschlesien versetzt worden, und ein Jahr später ist er dann verunglückt. Er war Maschinenmeister von Beruf.

Wir waren zu Hause neun Kinder, und plötzlich stand die Mutter ganz alleine da. Aber wir sind alle groß geworden und haben alle was gelernt. Wir waren zufrieden. Heute sind die Kinder mit nichts mehr zufrieden, die haben zu viel!

Wir mußten alle parieren, meine Mutter war energisch. Von wegen freche Antworten, das gab's gar nicht.

In Tiergarten waren die Zink- und die Bleiweißfabrik, und Ohlau war die Stadt. Wir mußten von Ohlau nach Tiergarten laufen. Da war unterwegs eine Baumschule, und das hat mich interessiert. Der Besitzer sprach mich mal an: „Na, mein Kleiner, was guckste so immer hier herein?" Ich sagte ihm, daß mich das interessiert, und ich durfte mir alles angucken. Nach der Schule habe ich dann bei ihm gelernt. Die Lehre hat mir Spaß gemacht.

Der erste Anzug.

1906 wurde ich Geselle. Zu der Zeit war ja noch die Wanderschaft, und ich mußte weit weg von Ohlau. Da kam ich nach Leobschütz.

Ich bekam nicht genug von der Arbeit und von wegen keine Überstunden, das gab's früher nicht. Ich kam in eine Rosenschule und Landschaftsgärtnerei. Im Juli, als es trocken war, mußten vierzigtausend Rosen veredelt werden, und das innerhalb von zehn Tagen! Wir waren vier, aber wir haben es geschafft. Jeder bekam fünfzig Mark, und dafür habe ich mir einen Anzug machen lassen. Mein erster Anzug, mit seidener Weste, das war 1912. Den habe ich immer noch hier.

In der Zeit habe ich meine Frau im Verein kennengelernt, sie war mit meinen Schwestern in allen möglichen Vereinen. Zu Weihnachten 1917 haben wir uns verlobt, aber ich mußte dann wieder nach Frankreich zurück in den Krieg. Ich kriegte einen Splitter ins Schlüsselbein, damit hab ich jetzt noch Schwierigkeiten. Nachdem ich am 8. Januar 1919 heimgekehrt war, haben wir geheiratet. Das ging ganz schnell.

Dann war ich zu Hause. Da war der alte Knetsch, der hatte eine kleine Gärtnerei. Sein Sohn, den ich kannte, war im Krieg gefallen. Gleich am ersten Tag sagten die Leute zu mir, daß der alte Knetsch nach mir gefragt hätte. Ich bin hin, und da fragte er mich: „Hör mal, Junge, willst du nicht meine Gärtnerei übernehmen?" Da habe ich gleich „Ja" gesagt. Es war schon immer mein Traum gewesen, eine Gärtnerei zu haben. Ich wollte doch selbständig werden. Nachher ist sie mein Eigentum geworden, und ich habe ein Haus drauf gebaut. Meine Frau hat mit in der Gärtnerei gearbeitet. 1924 haben wir ein großes Hochwasser gehabt, vierzehn Morgen Land waren unter Wasser. Alles war futsch, die Baumschule und der gesamte Gemüseanbau. Aber wir haben uns nie unterkriegen lassen! In den Krieg mußte ich nicht, wegen dem Gemüseanbau. „Verpflegung für die Front und daheim", hieß es.

Ich habe zwei Töchter, die haben beide im Krieg geheiratet, und beide Männer sind gefallen.

Als die Russen kamen, mußten wir dann flüchten. Ein Freund und ich haben erst unsere Frauen und Kinder weggeschickt, und wir Männer blieben noch, um alles zu regeln. In der Nacht sind die Frauen mit meinem Auto los, und wir konnten noch zwei Tage bleiben, dann

Georg Bredtschneider in seiner Gärtnerei in Schlesien.

standen die Russen vor der Tür. Bis Bernsdorf sind wir geflohen. Da war der Neumann, das war ein Freund von mir. Seine Schwester hat die Gärtnerei der Eltern in Senftenberg geführt. Ich habe mich mit Gemüsepflanzen für Frühbeete, Stauden und einer Baumschule befaßt.

Für den Neumann habe ich gearbeitet, und als seine Frau starb, hat er meine Tochter geheiratet. Dann sind wir von Bernsdorf nach Senftenberg gezogen.

Ich kann ohne meine Arbeit nicht sein. Bis zum Alter von hundertvier habe ich noch in der Gärtnerei gearbeitet.

Mit meiner älteren Tochter wohne ich jetzt im „Betreuten Wohnen". Ich kümmere mich um sie. Sie ist achtzig Jahre alt. Anfangs, als wir dort eingezogen waren, war der gesamte Speisesaal voll. Jetzt sitzen zum Essen nur noch acht Personen unten, die anderen lassen sich das Essen aufs Zimmer bringen. Ich gehe immer runter, wegen der Gesellschaft.

Der Sohn meiner älteren Tochter hat ein Blumenfachgeschäft mit Freilandverkauf, außerdem macht er noch Garten-Landschafts-Bau. Seine Frau, die beiden Töchter, der Sohn und ein Schwiegersohn arbeiten mit in der Firma.

Sonntags werde ich immer von meinem Enkel Dieter und seiner Frau Renate zum Kaffeetrinken abgeholt.

Georg Bredtschneider mit seinen Ur-Urenkeln Marcus und Martin.

Wir wollten nie wieder nach Deutschland zurück!

Wir waren an einem bestimmten Ort verabredet. Der Mann war beim Militär. Er hatte in seinem Lastkraftwagen vorn, wo der Motor ist, eine Bretterwand, hinter der wir uns verstecken konnten. Von Aachen hat uns der Mann über die Grenze nach Belgien gebracht. Seinen Namen weiß ich nicht, ich habe nie wieder etwas von ihm gehört. Das war zweiundvierzig. In Brüssel haben wir uns versteckt, die Nazis waren überall. Da war ein sozusagen guter Belgier, der uns nicht verraten hat. Aber es war doch schwer, wir konnten ja nicht auf die Straße gehen, und wir konnten für uns nichts besorgen. Drei Jahre lebten wir so.

Ich bin eine geborene Nesselroth und wurde mitten in Berlin geboren. Als ich zur Schule ging, wohnten wir in Wilmersdorf, in der Mommsenstraße. Meine Schwester war drei Jahre jünger. Wir waren immer wie Freundinnen zusammen. Gott sei Dank ist sie mit dem letzten Zug, der noch rausging, nach England gekommen! Der Krieg kam einen Tag später. Sie war nach dem Krieg jedes Jahr zu Besuch, vor drei Jahren ist sie in England gestorben.

Mein Vater war in der Stoffbranche, er ist herumgereist und hat Stoffe ausgesucht. Er hatte gemerkt, daß ich etwas Talent habe. In der Kunstschule Heimann lernte ich Modezeichnen, und ich besuchte die kaufmännische Schule, man lernte dort auch Stenografie.

Mein Mann, Kurt Grünberg, war Architekt und Baumeister. Er hat Villen im Grunewald gebaut, einzelne stehen heute noch. Das waren Häuser von Leuten, die auch nach dem Krieg wieder einen Namen hatten, zum Beispiel der Inhaber von Karstadt. Wir bewohnten auch ein Haus im Grunewald.

Bei den Nazis kam mein Mann ins KZ Sachsenhausen. Er ist gleich vom Büro abgeholt worden, ich wußte die ganze Zeit nicht, wo er überhaupt war. Im KZ mußte er unterschreiben, daß er seine Grundstücke „arisieren" wird, so hieß das damals. Er hat es dann gemacht, dadurch kam er nach vier oder fünf Wochen zurück. Wie er rauskam, war er ganz verändert. Er durfte natürlich nicht mehr als Architekt arbeiten, als Transportarbei-

ter mußte er zur Zwangsarbeit. Ich war gerade vierzig geworden, da kam ich als Zwangsarbeiterin zu Siemens. Dort wurden Zubehörteile für Flugzeuge hergestellt. Ich mußte Kabel zusammenlöten und an einer Maschine wickeln. Am Schlimmsten waren das glänzende Metall und die Stanniolverpackungen, die mich geblendet haben. Damals haben die Augen sehr gelitten. Die Arbeit war nicht direkt in Siemens-Stadt, sondern in einem Extragebäude für Zwangsarbeiter. SS-Leute haben uns bewacht.

Ich hatte einen Ausweis von Siemens, damit durfte ich zur Arbeit fahren, aber in der Bahn mußte ich aufstehen, wenn jemand kam. Natürlich mußten wir in Berlin den gelben Judenstern tragen. Manche haben den Juden Schokolade und anderes zugesteckt. Nach zwei Jahren gelang uns die Flucht. Wir wollten nie wieder nach Deutschland zurück! Meine Mutter ist von Theresienstadt nicht zurückgekommen.

Nach dem Krieg hat mein Mann in Brüssel ein Gesuch eingereicht, ob er nicht als Architekt arbeiten kann. Wir haben lange gewartet, er ist vorgeladen worden, und man hat ihm gesagt: „Wir haben eigene Architekten, aber in Deutschland ist jetzt viel zu tun, Sie können ja zurückgehen".

Zweiundfünfzig sind wir dann doch zurückgekommen. Hier wurde natürlich in der Zwischenzeit ganz anders gebaut. Mein Mann hat viele Jahre verloren. Er hat eine Entschädigung bekommen, aber das war alles schon für ihn zu spät. 1954 ist er leider gestorben. Ich habe nachher die ganze Sache einem Rechtsanwalt übergeben. Die Grundstücke habe ich nicht zurückgekriegt, der Anwalt arbeitet heute noch für mich! Bei Siemens habe ich keine Entschädigung beantragt, sie mußten mich aber in die Betriebskrankenkasse aufnehmen. Der Anwalt hat jetzt erreicht, daß Siemens eine Pflegestufe genehmigt, weil ich mir nicht mehr allein helfen kann.

Kürzlich habe ich bei einem Sturz die Lehne von dem Stuhl durchgedrückt. Aber in den Rollstuhl setze ich mich noch nicht!

Ich kann nicht mehr zum Schabbatgottesdienst in die Synagoge, weil ich nicht richtig sehe.

Hier sind stoßweise Zeitungen, ich könnte jetzt so viel aufholen, wenn ich lesen könnte! Ich weiß überhaupt nicht, wer heute noch in der Regierung ist …

Anni Grünberg in ihrem Zimmer im jüdischen Altenheim.
Auf dem Schreibtisch steht das Foto ihres Mannes.

Immer an der frischen Luft, das war sehr schön

Soweit ich mich zurückerinnern kann, wurde sie immer „die Omi" genannt. Sie war mit der Familie meiner Eltern, und so auch mit mir, sehr verwachsen, schon bedingt dadurch, daß sie zu Beginn des Ersten Weltkrieges Kriegswitwe wurde und sich dadurch Mutter und Tochter enger zusammenschlossen. Geboren ist sie in Serkowitz, dem heutigen Radebeul. Wir wohnten dicht beieinander, so daß jeder für den anderen leicht erreichbar war. Schon von frühester Kindheit an gaben mich meine reiselustigen Eltern immer, wenn sie verreisten, zur Omi. So entstand eine sehr enge Bindung zwischen uns, zumal ich auch noch das einzige Enkelkind war. Nach Kriegsende wurde Omi Mitglied unseres Haushaltes, und so wurde unsere Beziehung noch enger. Ich konnte mir viele hauswirtschaftliche Dinge bei ihr absehen, da sie als Hausfrau alter Schule viele Fertigkeiten besaß. So lernte ich bei ihr handarbeitliche Techniken, z.B. fertigte sie bis über ihr 90. Lebensjahr hinaus noch Weiß- und Hohlsaumstickereien an, aber auch ihre Kochkünste waren unübertroffen, und meine Tochter und ich machen vieles nach ihren Rezepten. Bis 1989 führte sie den Haushalt ihrer Tochter. Sie erzählte oft von ihrer glücklichen und unbeschwerten Zeit vor dem Ersten Weltkrieg im Königreich Sachsen und verbindet diese gelegentlich mit Begebenheiten und Begegnungen mit der Herrscherfamilie.

Den ganzen Sommer bis in den späten Herbst hinein verbrachte Omi in dem Wochenendhaus meiner Eltern, und wir hatten wunderschöne Stunden zusammen. Das war wohl ihre glücklichste Zeit, wenn man von der Zeit vor dem Ersten Weltkrieg absieht. Von diesen Erinnerungen zehrt sie heute noch. Omi unternahm ausgedehnte Waldspaziergänge, wo sie Pilze und Beeren suchte. Immer an der frischen Luft, das war für sie besonders schön. Hier durfte ich ein wenig von der Betreuung, die ich als Kind von Omi genoß, an sie zurückgeben. Bei gemeinsamen Familienfeiern und -treffen, rückte Omi sich nie in den Mittelpunkt, war aber für alle stets ein sachlicher Gesprächspartner. Ihr Leben war geprägt durch ein selbstloses Sicheinordnen in die Familie der Tochter, in der sie ein relativ unauffälliges Leben geführt hat. Ganz stolz waren wir, daß wir bei solchen Gelegenheiten immerhin fünf Generationen „Frauen" versammeln konnten.

Es ist uns nicht leichtgefallen, die Omi nach glücklich überstandener Operation nach einem Oberschenkelhalsbruch mit 106 Jahren in ein Altenheim zu geben.

Sie steht im Heim, in dem ein sehr angenehmes Klima herrscht, natürlich auf Grund ihres hohen Alters im Mittelpunkt und wird vom Personal hingebungsvoll betreut.

Renate Grundmann, Enkeltochter

Enkeltochter Renate und ihr Mann Ruprecht zu Besuch bei „Omi".

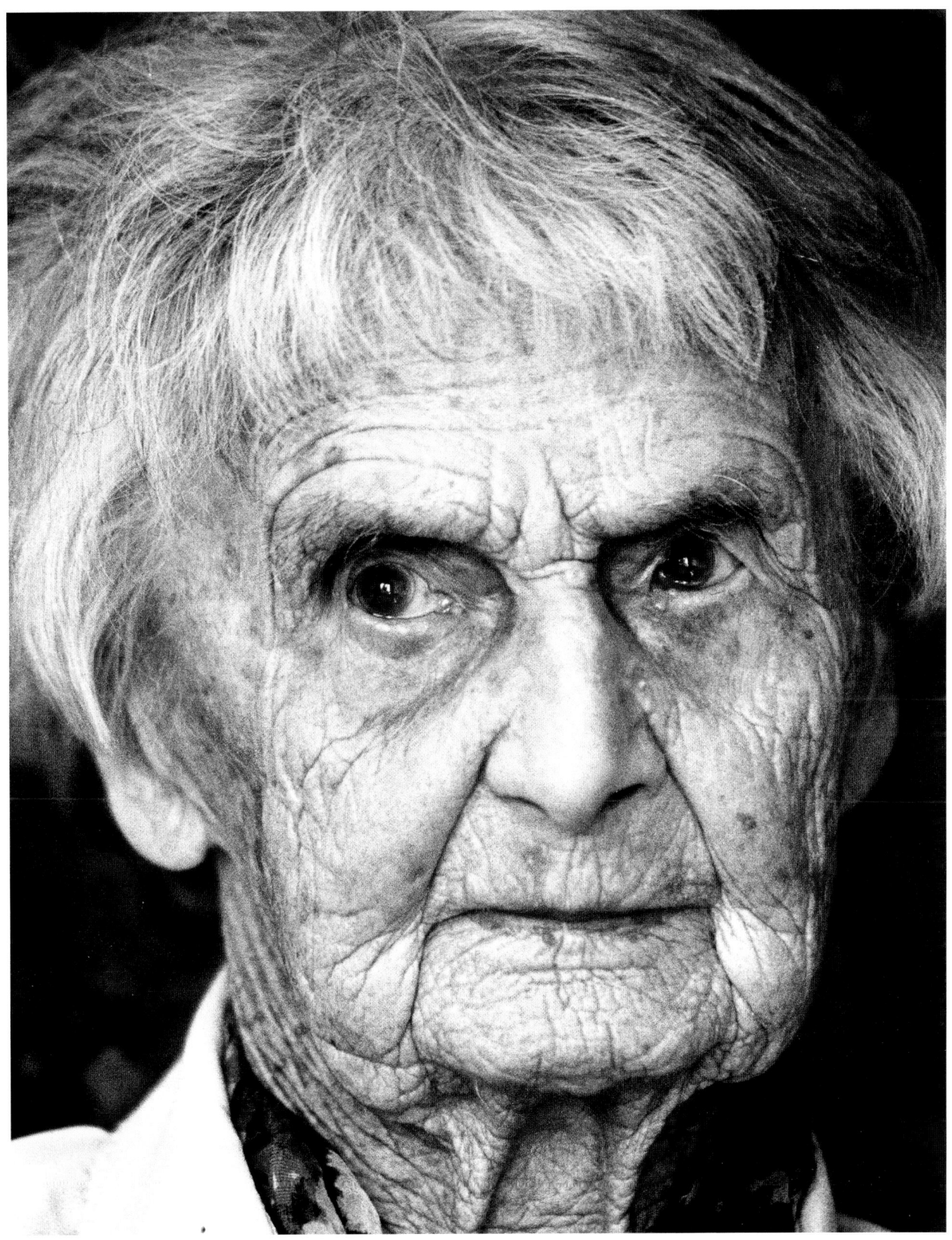

Ein Leben für Kinder

Mein Vater war das zwölfte Kind eines Bauern und durfte in Leipzig eine Lehre als Kaufmann machen. Mit dreißig Jahren hat er meine Mutter, eine gleichaltrige Kaufmannstochter, geheiratet und mit ihr das Geschäft übernommen, in dem er gelernt hatte. Es war ein großes Kaffeegeschäft, mit eigener Rösterei und Futtermittelverkauf. Dort bin ich mit meiner Schwester aufgewachsen. Mit acht Jahren habe ich aber schon den Vater verloren, und wir mußten das Geschäft verpachten.

Trotz des hohen Schulgeldes konnte ich das Gymnasium besuchen. Ich habe gesehen, wie das Völkerschlachtdenkmal gebaut wurde, und als Schüler haben wir dann bei der Einweihung Spalier gestanden. Da sind alle europäischen Fürsten vorbeigefahren, sogar Kaiser Franz Joseph. 1914 war eine Buch- und Graphikausstellung auf dem Gelände, auf dem später die Technische Messe stattfand. In der Mitte gab es ein Gartenrestaurant „Alt Heidelberg", dort sah ich unseren König, mit ihm Graf Zeppelin, denn Leipzig war damals Luftschiffhafen. Es kamen gleichzeitig drei Zeppeline und senkten ihre Spitzen zur Begrüßung des Grafen.

Erich Häßler mit seiner Schwester im Atelier.

1914 fühlte sich Deutschland angegriffen, deshalb gab es eine hohe Kriegsbegeisterung. Man dachte, ein moderner Krieg dauert nicht lang, und man wäre Weihnachten wieder zu Hause. Eine große Überraschung war, daß alle Soldaten plötzlich die graue Felduniform trugen, während die Franzosen noch in ihren roten Hosen in den Krieg zogen. Der Krieg zog sich in die Länge, und es wurden sogar viele Lehrer eingezogen, sie wechselten ständig. Wir Schüler mußten Brotmarken austeilen, in der Reichswollwoche Sachen sammeln, dann mußten wir im Rosenthal den wilden Knoblauch für die Konservenindustrie schneiden. Es wurde auch noch eine vormilitärische Ausbildung eingeführt, wo wir unter Führung eines pensionierten Offiziers Übungen machen mußten. Im Juni 1917 wurde der Jahrgang 1899 regulär eingezogen, und ich kam mit drei Klassenkameraden zum Fußartillerieregiment nach Metz. Gleichzeitig wurde uns die Oberprimareife zuerteilt. Während des Sommers 1918 war ich vorwiegend Artilleriebeobachter im Schützengraben an der Westfront. Nach schweren Verlusten wurde der Rest unserer Formation zur Verteidigung der nunmehr bedrohten Festung Metz eingesetzt.

Zu meiner Überraschung wurde ich im Oktober 1918 nach Mons in Belgien kommandiert, wo ich mit anderen Kameraden vor einer Kommission von Gymnasiallehrern das Abitur ablegte. Nach Abschluß des Waffenstillstandes konnten wir als letzte Formation Metz verlassen. Im Januar 1919 wurden alle Studenten zur Aufnahme des Studiums aus dem Militärdienst entlassen. An der Universität Leipzig legte ich 1923 mein Staatsexamen ab. Weil ich aber Geld für Bücher, Studiengebühren usw. brauchte, meldete ich mich auf dem Leipziger Jugendamt, um Ferienkinder zu betreuen. Von heute auf morgen mußte ich mit dreißig Jungen nach Wiek auf Rügen fahren. Das Heim hatte Holzbaracken mit Strohsäcken. Die Kinder wurden von einem Arzt medizinisch betreut, und ich habe ihm geholfen. Nach zwölf Wochen meinte der Arzt am Schluß zu mir: Sie können so gut mit Kindern umgehen, hätten sie nicht Lust, Kinderarzt zu werden? Da habe ich den Gedanken aufgegriffen und konsequent ausgeführt.

Als Kinderarzt brauchte man aber eine entsprechende Ausbildung, das war für mich nur an der Leipziger Kinderklinik möglich. Der Chef war sehr ehrgeizig und

wollte dort Forschung betreiben und nur die besten Ärzte einstellen. Da ich im Physikum eine Eins hatte und meine Doktorarbeit auf experimentellem Gebiet machen wollte, ließ er mich einstellen. Ich habe famuliert und kam auf die Tuberkulose-Abteilung.

Mein Stationsarzt, Dr. Fernbach, war wie ein Vater zu mir. Er brachte mir nicht nur Kinderheilkunde bei, sondern auch Bakteriologie und Serologie, was ich für meine Doktorarbeit brauchte.

Auf der Säuglingsstation, wo ich dann arbeitete, wurde ich noch als Röntgenarzt ausgebildet. Meine Promotion schrieb ich 1924 über das Thema: „Ist die Haut ein Antikörper bildendes Organ?"

Ich gehörte seit 1918 den Leipziger Arionen, einer Sängerschaftsverbindung, an. Im Arion waren viele Thomaner, und Weihnachten wurde immer eine selbstgeschriebene Operette aufgeführt. Da kamen alle alten Herren, und so lernte ich auch den Leiter der Kinderheilanstalt Dresden, Sanitätsrat Brückner, kennen. Bei ihm bekam ich eine Stelle. Wir waren vier Assistenten und wohnten im Krankenhaus, so daß wir eine nette Gemeinschaft waren. Diese Kinderheilanstalt war gleichzeitig Innere Abteilung und Chirurgie, so bekam ich noch eine Ausbildung in Chirurgie. Am 1. Januar 1927 ging ich nach Leipzig zurück, wo ich eine Volontärstelle in der Kinderklinik bekam. Ich kam auf die Scharlachstation und begann mit meiner Forschungsarbeit an dieser Krankheit, denn der Scharlacherreger war damals noch umstritten. Ich habe eine Arbeit geschrieben, bei der ich zu dem Schluß kam, daß die Streptokokken nicht nur eine Begleiterscheinung, sondern auch der Erreger des Scharlachs sind. Dann brach eine Kinderlähmungsepidemie aus, und über hundert Kinder erkrankten. Ich wurde Stationsarzt von mehreren Stationen, die diese kranken Kinder aufnahmen. Ich schrieb dann 1928 eine Arbeit über Kinderlähmung und meinte, daß die einzige Rettung eine gezielte vorbeugende Impfung sei.

Im Jahre 1932 wurde ich dann Leiter der Poliklinik. Vom Oberarzt Dr. Goerdeler wurde ich zum Städtischen Beamten ernannt. Mein Chef ging Ende 1932 nach Berlin an die Charité, und der erste Oberarzt, Professor Rosenbaum, wurde als kommissarischer Leiter eingesetzt. Nach der Machtergreifung Hitlers mußte Professor Rosenbaum, mit dem ich mich immer sehr gut verstanden

Der Gymnasiast Erich Häßler in Leipzig.

habe, die Leitung der Klinik abgeben, weil er Jude war. Bevor er nach Tel Aviv ging, sagte er zu mir: „Hiermit übergebe ich Ihnen die Klinik, sehen Sie zu, wie Sie fertig werden."

Von der Fakultät wurde ich dann als kommissarischer Leiter bestätigt, obwohl ich noch nicht habilitiert war. Da ich das auf die Dauer nicht alleine schaffen konnte, schlug ich der Fakultät vor, den zweiten Oberarzt, Professor Catel, der mit nach Berlin gegangen war, zurückzurufen. Er übernahm dann die Leitung der Klinik. Ich wurde Oberarzt und leitete weiter die Poliklinik.

Während meiner Leipziger Zeit war ich auch als Konsilarius an der orthopädischen Universitätsklinik tätig. Hierdurch war es mir möglich, außer meinen Forschungen bei der Einführung der aktiven Diphterie-Impfung eine Reihe von seltenen angeborenen Skelett- und Stoffwechselkrankheiten zu beschreiben, so daß ich das Kapitel „Speicherkrankheiten" im Handbuch der klinischen medizinischen Radiologie übernehmen konnte.

1934 heiratete ich meine erste Frau, die medizinisch-technische Assistentin im bakteriologischen Labor war und die ich schon zehn Jahre kannte. Sie hat mir bei meiner Habilitationsarbeit geholfen, die ich in demselben Jahr über „Giftarme Ruhrbakterien" machte.

In der Nacht zum 4. Dezember 1943 fand der große Bombenangriff auf Leipzig statt, und unser Haus brannte völlig ab. Ich habe meine Frau und meine fünf Kinder bei Freunden vorübergehend untergebracht und bin zur Klinik geeilt. Dort kam man mir schon schreiend entgegen. Ich erfuhr, daß das Krankenhaus total zerstört war und eine Holzbaracke mit allen Kindern und zwei Nachtschwestern verbrannt war. Die Kinder in den Steinhäusern waren von den Schwestern gerettet und bei Familien in der Nachbarschaft untergebracht worden. Die älteren Kinder kamen nach Hochweitzschen bei Döbeln und wurden meiner Leitung unterstellt. Meine Familie fand eine Unterkunft in einem Pfarrhaus in Tragnitz, das elf Kilometer von Hochweitzschen entfernt war.

Von 1943 bis 1945 pendelte ich immer zwischen den Kliniken in Leipzig und Hochweitzschen, bis wir politisch von Leipzig getrennt wurden. Bei uns waren die Russen und in Leipzig die Amerikaner als Besatzungsmacht eingezogen. Dann passierte das große Unglück. Meine Frau wurde von betrunkenen Sowjets überfahren. Da war ich nun Witwer mit fünf kleinen Kindern.

Ich hörte, daß eine Studentin einen Kindergarten aufgemacht hätte. Sie hatte ihr begonnenes Medizinstudium wiederaufnehmen wollen, die Universität in Leipzig lehrte aber noch nicht wieder. Es war wohl ein Glück

Erich Häßler im Jahre 1947 mit seiner zweiten Frau.

für mich, daß sie den Mut hatte, mich zu fragen, ob sie meine Kinder bei mir betreuen könnte. Ich sagte ihr: Wenn schon, dann den ganzen Haushalt! 1947 heirateten wir. Nach vier Jahren bekam ich in Chemnitz die Leitung des Kinderkrankenhauses am Zeisigwald.

1949 wurde ich zum Ministerium nach Dresden bestellt, und der Gesundheitsminister erklärte uns, daß wir jetzt mehr Penicillin zur Verfügung hätten. Der Dresdener Internist Schweißer und ich bekamen den Auftrag, Penicillin bei Scharlach zu testen. Noch im selben Jahr brach eine große Scharlachepidemie aus, so daß das Penicillin nicht für alle Kinder ausreichte. Die mit Penicillin behandelten hatten weniger Komplikationen und konnten eher entlassen werden. Als ich in Leipzig darüber berichtete, war man skeptisch. Man glaubte immer noch nicht an Streptokokken, sondern an Viren als Erreger. Heute weiß man, daß ich recht hatte.

1953 erhielt ich einen Lehrauftrag für Kinderheilkunde an der Universität Jena und die Leitung des Kinderkrankenhauses der Carl-Zeiss-Stiftung, das gleichzeitig Universitätskinderklinik war. Wir kauften uns ein kleines Haus am Rande der Stadt und bauten es aus. Wir hatten mittlerweile acht Kinder und adoptierten noch eines. 1956 wurden mir vom Gesundheitsministerium die Mittel für einen Neubau genehmigt, in dem ich ausreichend Räume für die Poliklinik, zwei klinische Stationen und eine moderne Frühgeburtenabteilung unterbringen konnte. In Jena konnte ich auch die Spezialabteilung für Neonatologie entwickeln. In der früheren Tuberkulosestation (Therapeutikum) brachte ich eine Spezialabteilung für Kinderneurologie unter, nachdem ich als erstes Krankenhaus in Jena von der Zeiss-Stiftung ein EEG-Gerät erhalten hatte.

Mit meinen Forschungsergebnissen war ich viel auf internationalen Tagungen und Kongressen. 1958 gehörte ich der ersten offiziellen DDR-Delegation an, die zu einem Kongreß der polnischen Gesellschaft für Kinderheilkunde eingeladen wurde. Daraus sind Freundschaften entstanden, die heute noch bestehen. Bei uns wohnen oft die Kinder von Freunden und Bekannten aus Polen, und meine Frau reist noch jedes Jahr dorthin.

Nach dem Bau der Mauer 1961 war das Reisen in westliche Länder nicht mehr möglich. Erst der Thüringer Landesbischof Mitzenheim hat ein paar Jahre später erreicht, daß wenigstens die Rentner einmal im Jahr in die Bundesrepublik reisen durften. Man konnte zehn Mark 1:1 umtauschen. Das sogenannte Begrüßungsgeld legten wir meistens in Geschenken für die Kinder zu Hause an. Dafür gingen wir zu Fuß zu den Veranstaltungen. Als wir nach Frankreich eingeladen wurden, mußten wir die Fragebögen achtfach ausfüllen. Als alles geregelt war, ließ man uns aber doch nicht fahren, weil Frankreich die DDR noch nicht anerkannt hatte.

Als ich „Verdienter Arzt des Volkes" wurde, leisteten wir uns von der Prämie eine Reise nach Mittelasien. Ich liebe die Berge und das Meer gleichermaßen. Meine Hobbys waren Blumenzucht, Gartenarbeit und natürlich Wandern. Wir haben ein einfaches Leben geführt und nicht übertrieben. Wir essen sehr leicht und trinken selten Alkohol.

Bis zum vorigen Jahr nahm ich an den Kongressen und Tagungen teil, jetzt wird mir das Reisen zu anstrengend. Aber ich lese die „Fachzeitschrift für Kinderheilkunde", bestimmte Artikel aus dem „Deutschen Ärzteblatt", der „Osteologie" und der „Sozialpädiatrie".

Bei einem der zahlreichen Absolvententreffen an der Jenaer Universität sagte mir einer der anwesenden Kollegen: Herr Professor, Sie haben uns gelehrt, die Kinder zu lieben, und dafür sind wir Ihnen dankbar!

Ruth und Erich Häßler vor ihrem Haus in Jena.

KATHARINA KLINGLER, AYSTETTEN B. AUGSBURG, *1894

Die „Patrona Bavaria" in Gold

In zweiundachtzig sind wir nach Deutschland gekommen. Unser Dorf ist leer, es sind keine Deutschen mehr. Wir waren zweitausend Personen, jetzt ist alles weg. Es war unmöglich, jetzt durchzuhalten! (Tochter Anna)

Ich kann mich net erinnere, mir ist alles im Kopf verloren gegangen. Wenn einer wissen will, wie alt ich bin, dann sag ich: Tausendachthundertvierundneunzig ist meine Geburt.

Mein Vater war Musikant, von vier Jahr, bis er gestorben ist. Zuerst hat er gehabt Flügelhorn, und dann sein die Zähne vorn abgedrückt, da hat er Baß geblasen. Im Dorf war keine Tauf ohne Musik und kein Begräbnis. Da war mein Vater immer dabei. Er war ein lieber Mensch. Mein Vater hat mich erzogen wie ein Bub. In Feldarbeit und beim Vieh war ich der Herr! Wir waren nur zwei Kinder, meine Schwester und ich. Früher sind

Katharina Klingler mit den Kindern Anna und Johann 1916.

Schauspieler gekommen, da ist der Vater mit uns hin, und wir konnten schauen. Nachher haben wir Kinder Theater gespielt in der Schule. Zeitz, das war unser Hochlehrer, der hat die Höchstschul gehabt, und der Unterlehrer Trimple war ein Sachs. Auf der Gassen hab ich gespielt mit den Buben. Wenn die was gemacht haben, war ich immer dabei. Mein Vater war streng! Ich hab zweimal im Leben von meinem Vater Schläge gekriegt. Lügen war verboten!

Wenn ich so ruhig sitz, da hab ich schon immer etwas, was ich studieren tu, und immer noch aus der Schule. Wenn man jahrelang nix von dem gebraucht hat, bleibt's aus.

Mit dem Stock geh ich noch herum. Handarbeiten mach ich noch, die Glieder ruhen net. Ich häkle drei Deckchen täglich. Ich spür aber nicht, daß es irgendwo am Körper schadet. Die Leut haben mir die Wolle gebracht, und wie ich fertig war, ist niemand gekommen und hat sie abgeholt. Viele Schachteln sind voll mit Sachen, die ich gehäkelt hab.

Tochter Anna:
Das war sehr schön, das Leben damals, nicht so nervig. Das Dorf war wie eine Familie, das fehlt der Mutter. Sie hat immer im Haus gearbeitet und auf der Landwirtschaft. 1912 hat sie geheiratet, dann kam bald der Krieg. Ich bin in sechzehn geboren. Wie der Vater heimgekommen ist, saß ich schon auf der Decken und hab gespielt.

So ist das gegangen bis vierundvierzig, dann ist ihr Mann gestorben. Mein Bruder war bei den Deutschen eingerückt, so daß sie mit den alten Eltern und der Schwiegertochter allein war.

Das hat nicht lang gedauert, dann haben sie uns nach Rußland verschleppt.

In fünfundvierzig, den zehnten Jänner, den vergeß mer net! Sie haben an die Tür geklopft:

„In zwei Stunden fertig zum Abmarsch!" Siebenundvierzig bin ich heimgekommen aus Rußland, mein Mann war fünf Jahre da. Weil wir Deutsche waren, haben sie uns dann ein halbes Jahr nach Deutschland geführt. In der Nähe von Döbeln hab ich beim Bauern gearbeitet. Dann waren wir noch mehrere Landsleute und sind zurück, zu Fuß und mit dem Zug, wir mußten „schwarz" fahren. Vierzehn Tage waren wir unterwegs.

96

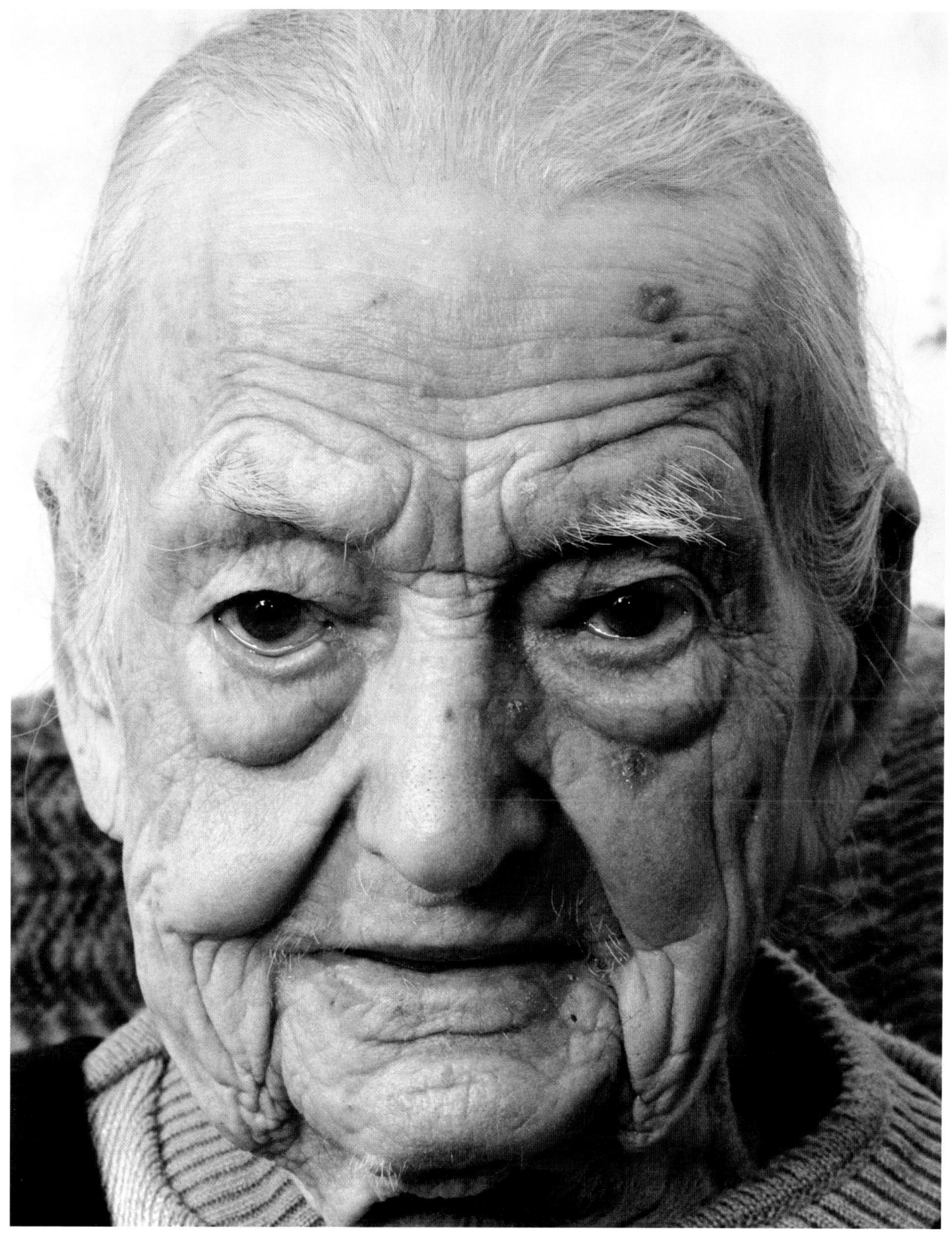

Katharina Klingler (rechts) mit den Eltern, den Großeltern und Schwester Elisabeth.

Meine Mutter hat meine fünf kleinen Kinder gehabt, zweieinhalb Jahre! Soll einer sich mal das vorstellen! Dadurch hab ich mich verpflichtet: Wenn sie mal alt ist, ich werd für sie dasein!

Wir waren nur eineinhalb Jahr zu Haus, da haben sie uns wieder verschleppt. Damals war das mit der Kollektivierung der Landwirtschaft, sie haben gesagt, die Gegner davon sollen weg, damit man das durchziehen kann. Das war ein politischer Vorwand, man hat auch gehört, das war wegen Jugoslawien, wegen Tito.

Wir mußten in die Baragan-Steppe, das ist ganz unten, fast am Donaudelta. Sie haben uns zwei Türen und zwei Fenster gegeben und das bißchen Holz für das Dach. Jeder hat sich sein Haus bauen müssen. Aus Lehm haben wir Ziegel gemacht, für das Dach mußten wir Schilf schneiden. Da war kein Baum und kein Strauch!

Alles haben sie uns weggenommen, Radio gab es nicht, wir hatten auch keinen Strom, nur Öllampen. Fünf Jahre mußten wir dort leben, die Dörfer existieren heut nicht mehr.

Das Banat haben sie immer hin und her geschoben. In der Schule hat Mutter deutsch-ungarisch gelernt, mein Bruder war deutsch-serbisch, und wie ich gegangen bin, war's deutsch-rumänisch.

Mein Sohn hat hier in Aystetten das Haus gebaut, er ist schon vorher nach Deutschland gegangen. Seit fünfundsechzig pfleg ich meine Mutter. Sie hat die Medaille „Patrona Bavaria" bekommen, mit fünfundneunzig in Silber und zum Hundertsten in Gold.

Katharina Klingler mit Tochter Anna, Urenkel Robert, Enkel Herbert und dessen Frau Maria.

Die Geschwister Kawleski
1902, vorn rechts „Cissi".

Mit zweiundneunzig zum Marineball

Mein Vater war Winkelschmied auf der Kaiserlichen Werft in Kiel. Vater hat Geige gespielt. Das hat er gelernt von seinem Vater. Wir haben gesagt: „Spiel doch mal eine Polka …" Vater hat geantwortet: „Ihr wollt immer eine Polka, aber wir müssen einen Walzer spielen!" Darauf habe ich ihm gesagt: „Zeig mir mal einen Walzer!" Und er hat mir gezeigt, wie Walzer geht. Er hat mit mir den Walzer getanzt, und ich habe ihm gesagt: „Oh, der ist aber schön, den tanz ich gern!" Vater spielte auch Klavier, was haben wir da mit den Geschwistern im Zimmer getanzt! Max, Emma und Franz habe ich das Tanzen beigebracht. Die Zeiten waren schön – wo sind sie geblieben?
„Ich tanz so gern, ich tanz so gern den Walzer.
Man träumt so süß, man träumt so süß beim Walzer.
Lala lala, lala lala …"
Heute kann ich es nicht weiter, ich bin so aufgeregt!

Den Kaiser und die Kaiserin habe ich in Kiel gesehen, da sind wir hinterher marschiert, und abends auf dem Ball haben wir getanzt. Beim Tanzen habe ich auch meinen Mann kennengelernt. Wir kannten uns lange Zeit schon oberflächlich, bevor wir im Februar 1921 heirateten.

Mein Mann war Marinesoldat. Er und meine Brüder und die Freunde wurden in den Krieg eingezogen.

Ich verbrachte die Kriegsjahre in Berlin, weil meine Großmutter in Potsdam lebte. Dadurch habe ich von dem Matrosenaufstand hier in Kiel nichts mitbekommen.

In Berlin habe ich verschiedene Arbeiten gemacht. Ich habe auch bei einer Familie gelebt und ihre Kinder betreut. Ich hatte dort ein eigenes Zimmer. Nebenbei habe ich noch geschneidert und mit der Maschine genäht. Ich habe mich immer gefreut, wenn ich mal eine Mark mehr hatte. Viele Freunde hatte ich nicht, durch mein Schwerhören. Aber weil ich alles vom Mund ablesen konnte, hat es mancher gar nicht gewußt. Ich war als Kind an Scharlach erkrankt und wurde davon schwerhörig.

Es ist gar nicht gut, wenn man das alles erzählt, denn da fällt einem so mancher Ärger wieder ein.

Als mein Mann eine Anstellung bei der Torpedo-Versuchsanstalt in Eckernförde bekam, sind wir dort hingezogen. Später haben wir in Eckernförde auf dem Sportplatz gearbeitet. Naja, gearbeitet habe ich nicht, ich habe nur das Geld von den Zuschauern kassiert und die Sportdresse gewaschen. Wir liebten Hunde, ich habe auch gezüchtet und Geld damit verdient. Mein Mann richtete sie ab. Wir hatten einen großen Boxer. Mucki hab ich den genannt, das war eine treue Seele. Er hat so gut auf mich aufgepaßt. Sogar auf Hundeausstellungen waren wir mit Mucki.

Mein Mann hat immer die Lose von der Klassenlotterie ausgefüllt, und ich mußte sie dann wegbringen. Das ist Quatsch, fand ich, und habe das Geld die ganzen Jahre gespart, und als wir in Rente gingen habe ich gesagt: „Komm wir reisen!" Aber mein Mann meinte, wir hätten ja kein Geld, und da zeigte ich ihm, daß wir Geld hatten. Erst hat er sauer reagiert, dann aber lachte er, und wir reisten.

Vierundneunzig habe ich mich an den Augen operieren lassen, denn ich war von Kindheit an auf einem Auge blind, und auf dem anderen hatte ich den grauen Star bekommen. Der Arzt meinte, er will gleich beide Augen operieren, denn an dem einen kann er sowieso nichts mehr versauen.

Und plötzlich konnte ich auf beiden Augen sehen, zum ersten Mal, so lang ich denken konnte! Ich stand im Krankenhaus am Fenster und habe die bunten Lichter an den Autos gezählt. Als ich aus dem Krankenhaus kam, konnte ich meine Couchgarnitur sehen – und nicht mehr sehen! Ich bin mit Rüdiger gleich nach Segeberg gefahren, um eine neue zu kaufen.

Rüdiger, das ist mein Enkel. Den kenne ich schon vierzig Jahre. Manchmal hat er Haue gekriegt, wenn er ungezogen war. Er war auch später viel bei uns. Abends saßen wir oft zusammen, wir haben uns unterhalten, Wein getrunken und auch getanzt: Rheinländer, Walzer, Fox, Polka und einen Salontanz.

1992 hat er mich in Kiel mit auf den Marineball genommen, und ich habe den ganzen Abend getanzt. Ich hatte ein langes Abendkleid an und er seine Marineuniform. Ach, sah der gut aus! Halb drei sind wir nach Hause gegangen und haben noch weiter gefeiert. Rüdiger war zwar müde, hat aber bis gegen sechs durchgehalten.

Auf den Groß-Glockner bin ich mit vierundneunzig hochgelaufen, da war ich in Bayern im Urlaub.

In einer Zeitung habe ich jetzt gelesen, daß ich 106 Jahre bin, und da hab ich gedacht: „Die ham wohl nen Vogel!" Ich denke immer, ich muß so um die siebzig sein! Selber merkt man gar nicht, wie die Zeit vergeht. Manchmal sitze ich hier, und denke: „Warum bist du hier? Was willst du hier?" Ich habe ja keine Geschwister mehr, ich bin ganz alleine. Radio höre ich gern. Ich muß aber richtig hinhören, sonst verstehe ich nichts. So hat alles seine zwei Seiten. Schwer hören ist auch eine Arbeit!

Alle vier Wochen kommt meine Tochter Hertha zu mir ins Heim, da haben wir immer viel zu erzählen. Und dann hab ich noch meinen Enkel Rüdiger, aber der hat ja auch andere Interessen als mich. Er kommt jede Woche, was soll er weiter machen?

Enkel Rüdiger aus Kiel besucht „Cissi" Lorenz oft im „Haus Hüttener Berge".

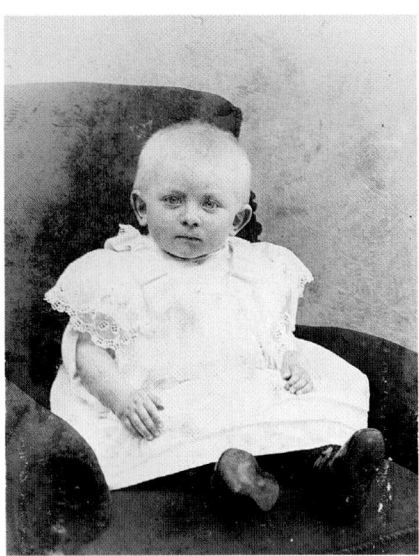

Werner Herrtwich im Jahr 1899.

DR. WERNER HERRTWICH, APOLDA, *1897

Mein Hobby war immer die Psychologie

Als ich sechs Jahre alt war, hat mein Vater mal eine ange-
zündete dicke Havanna-Zigarre liegenlassen, und als er
rausging, habe ich sie kräftig ziehend zu Ende geraucht.
Es wurde mir davon so schlecht, und ich war tagelang
richtig krank. Ich habe nie wieder geraucht, mein ganzes
Leben nicht! Als Soldat wurde mir das zum Vorteil, da
konnte ich Zigaretten gegen Brotscheiben tauschen.

Ich bin im Jahre 1897 in Eckartsberga geboren. Mein
Vater war Lehrer und ging bald darauf mit uns nach
Naumburg. Er war immer krank und ist auch sehr früh
gestorben. Meine drei Schwestern waren älter als ich, die
älteste fast zehn Jahre. Die ersten Jahre ging ich bei meinem Vater zur Schule und machte auch mein Abitur in
Naumburg. Bis 1918 war ich dann im Ersten Weltkrieg,
zuletzt als Vizewachtmeister. Am letzten Tag des Krieges
sah ich etwa dreißig Fesselballons die ganze Front ent-
langfliegen, die als Beobachter eingesetzt waren. Dann
kam ein feindlicher Jagdflieger, der sie alle der Reihe
nach abschoß. Die Soldaten sprangen aus den Ballons
und wurden noch in der Luft erschossen. Kein einziger
kam lebend unten an. Und trotzdem haben sie im Zwei-

ten Weltkrieg wieder Fesselballons zur Beobachtung auf-
steigen lassen. Fast hätte ich das Pech gehabt, in so einen
Ballon mitzumüssen, aber ich bin zur Artillerie als Tele-
fonist gekommen. Einmal mußte ich zerstörte Leitungen
flicken, da bin ich in einen Granattrichter gefallen. Als
ich versuchte herauszukommen, kam ein neues Ge-
schoß, das auf mich gezielt war. Der Mensch braucht
wohl mehr als einmal Glück im Leben! Meine Kameraden hatten mich schon „abgeschrieben" und freuten
sich, als sie mich wiedersahen. Ich wünsche, daß es nie
mehr einen Krieg geben wird! Dieses Elend, dieses Unglück … Den Zweiten Weltkrieg mußte ich nicht bis
zum Ende mitmachen, weil ich da schon Psychotherapeut am Bezirkskrankenhaus „St. Georg" in Leipzig war.

Nach dem Lehrerseminar in Naumburg habe ich in
der Mittelschule unterrichtet, alle möglichen Fächer,
doch mein Lieblingsfach war Zeichnen. Die Psychologie
war immer schon mein Hobby, deshalb habe ich in Jena
noch einmal studiert und wurde Psychotherapeut. Mein
Promotionsthema war: „Massenpsychose und Schulklas-
sen". Dieses Phänomen hat mich im Tierreich schon
interessiert, wenn zum Beispiel ein Führer den Berg hin-
unterlief und die ganze Herde blind hinterherrannte.
Mit Kindern in der Schulklasse war das ganz genau so.
Ich habe da lange beobachtet und Tests gemacht, bevor
ich meine Doktorarbeit fertig hatte.

Als ich zwölf oder dreizehn Jahre alt war, hatten meine
älteren Schwestern einmal Soldaten eingeladen. Es wurde getrunken, und ich habe mitgehalten. Nachts ging es
mir so schlecht, daß ich das ganze Bett versaut habe. Das
hat geholfen, daß ich nie mehr Alkohol getrunken habe.

1932 habe ich eine ehemalige Schülerin geheiratet. Die
Hochzeitsreise haben wir in die Alpen gemacht und einmal eine Kreuzfahrt um den Kontinent, von Hamburg
bis Afrika. Das war toll! Ich war sehr gern am Meer, aber
auch ebenso gerne in den Bergen. Im Urlaub sind wir
viel gereist. Meine Tochter ist jetzt auch schon über sechzig Jahre alt und eine Psychotherapeutin. Ich war ein
passionierter Tennisspieler, eine richtige Kanone! Als Student habe ich es mir selbst beigebracht. In den Tennis-
club konnte ich aber erst eintreten, als ich schon Lehrer
war, denn vorher war es mir zu teuer.

Im Heim wird man gut betreut. Ich bin 1984 hier eingezogen. Davor habe ich in meinem eigenen Haus in

„Jetzt geht's gleich los! — Hui!!"

„Psychologische Experimente" 1931.

Naumburg gewohnt. Ich bekomme öfter Besuch von ehemaligen Schülern oder meiner Tochter. Manchmal spiele ich Klavier. Einfach so, weil es mir Spaß macht. Fernsehen sehe ich mir auch an, obwohl ich keinen guten Eindruck vom Fernsehen mehr habe. Das hat sich in den letzten Jahren übel entwickelt. Es ist teilweise richtig widerwärtig, was man da so sieht! Lesen kann ich nicht mehr viel, das strengt so an. Ab und zu schreibe ich aber mal einen kurzen Brief und antworte ehemaligen Schülern oder Freunden auf ihre Post.

Jetzt bei der Kälte mag ich nicht raus. Ansonsten laufe ich immer noch mit einem kleinen Wagen draußen herum. Eigentlich staune ich, daß ich immer noch lebe. Man fühlt sich manchmal nicht mehr so richtig dazugehörig zu den anderen, die sind alle noch so jung!

Werner Herrtwich spielt sein Lieblingslied „An der Saale hellem Strande" im Altenpflegeheim.

106

ANNA STADLER, DEGGENDORF, *1895

Im „Adler" durch die Alpen

Mei Papa hat an nix gloabt, und ist gstorben, mei Mama hat oan festen Gloabn ghabt, und ist a gstorbn! Dös ist so! I gloab an net viel. Daß es was Höh'res gibt, gloab i aber!

In Straubing bin ich geboren, in der Kaserne. Mein Papa war Berufssoldat, er war Bezirks-Feldwebel und hat in der Schreibstube gearbeitet. In der Kaserne hatten wir eine schöne Wohnung mit drei Zimmern und Küche. Der Hof war sehr groß. Wir haben mit dem Reifen und mit dem Kreisel gespielt, manchmal haben wir seilspringen gemacht. Die Soldaten haben uns schon gekannt.

Wenn Papa zur Parade ging, das sah schön aus. Er trug die Uniform und den Helm und einen langen Offizierssäbel. Über Nacht ist dann mein Papa an Herzlähmung gestorben. Da mußten wir aus der Kaserne ausziehen.

Die Stadt hat mir Glück gebracht. Meinen Mann hab ich in Straubing auf der Straße getroffen. Er hat mich angesprochen, und ich bin mitgegangen, er hat mir gefallen. Mein Mann war Malermeister, er war sehr fleißig und tat alles, was ich wollte. Geheiratet haben wir 1921, in der schweren Zeit, aber es ging trotzdem. Die Bauern brachten viel vom Land mit. Wir haben uns in Deggendorf ein Haus gekauft, weil er aus der Gegend stammte und eine größere Stadt mehr Arbeit gab. Mein Sohn ist im Dezember 1921 geboren, ich hab ihn Franz Xaver Ludwig genannt, weil mein Mann Franz Xaver geheißen hat.

Wir haben uns schon Anfang der Zwanziger ein Auto gekauft, denn mein Mann war ein leidenschaftlicher Autofahrer. Mit seinem Bugatti ist er immer das Ruselbergrennen gefahren, und ich hab zugeschaut. Wir hatten auch ein Motorrad mit Seitenwagen, das hatte ich mir gewünscht. Mein Mann mußte mich jedes Wochenende ausfahren. Mindestens einmal im Monat waren wir in München. Wir fuhren oft in den Bayrischen Wald oder in die Alpen. Bis ungefähr 1950 fuhr er einen Adler, nachher hat er immer einen Mercedes gefahren, bis er achtzig war.

Ich hatte es schön! Mein Mann hat mich verwöhnt. Früh um neun hat er mir den Kaffee ans Bett gebracht. Wir hatten immer jemand zum Putzen, und als meine Schwiegertochter 1953 ins Haus gekommen ist, hat sie das gemacht. Am liebsten bin ich in die Stadt gegangen, und zwar regelmäßig vormittags und nachmittags. In der Stadt hat man immer Bekannte getroffen und hatte Unterhaltung. Das hab ich so beibehalten, bis ich fünfundneunzig war, dann ist die Elisabeth mit mir spazierengegangen.

Mit achtzehn Jahren wurde unser Sohn schon in den Krieg eingezogen, und mein Mann mußte auch noch einmal weg. Das war eine schwere Zeit, aber sie ging vorüber.

Nach dem Krieg habe ich Einquartierung von den Flüchtlingen gekriegt, und ich hatte nur ein Zimmer im eigenen Haus. Die Leute waren aus Schlesien. Ich hab mich mit denen ganz gut verstanden. Als mein Mann aus dem Krieg heimkam, haben ihn die Amerikaner in das Internierungslager nach Regensburg geholt, weil er in der NSDAP war. In der Zeit der Entnazifizierung durfte er das Geschäft nicht weiterführen. Als unser Sohn 1948 aus der Gefangenschaft kam, hat er gleich die Prüfung als Malermeister abgelegt, damit es weiterging. Mein Mann hat dann nur noch wenig gearbeitet, 1978 ist er gestorben.

Vor einem Jahr bin ich hierher gekommen, weil meine Schwiegertochter gestürzt ist, und mich nicht mehr pflegen kann. Mein Mann und ich hatten keine Altersversorgung. Die Elisabeth bezahlt meinen Heimplatz, und den Rest legen meine Enkel drauf.

Ehemann Franz Xaver war schon in den 20er Jahren ein passionierter Autofahrer.

Sie kommt mehrmals in der Woche und wechselt sich mit Magdalena ab, das ist die Frau von meinem Enkel Christian. Dann fahren sie mit mir in den Park am Haus und erzählen mir, was es Neues gibt. Es geht mir gut hier, aber ich wär schon lieber daheim. Ich freu mich auch sehr, wenn meine drei Urenkel aus Regensburg kommen. Mein Zimmernachbar, der Paul, besucht mich jeden Tag, und da reden wir.

Wenn ich hier alleine bin den ganzen Tag, denk ich an früher, ich hab meine vielen schönen Erinnerungen. Manchmal denk ich, ich würde lieber heut als morgen sterben, aber man wird wohl warten müssen, bis man dran ist. Aber ich paß schon auf, wenn's mal irgendwo nicht stimmt.

Ich bin vielleicht so alt geworden, weil ich mir keine Sorgen gemacht habe. Mein Mann und die Kinder haben sich immer nach mir gerichtet. Die unangenehmen Sachen hab ich schnell vergessen. Mein ganzes Leben lang hab ich gegessen und getrunken, was mir geschmeckt hat. Mit sechzig habe ich aufgehört mit dem Rauchen. Ich trinke gern ein Gläschen Wein oder Sekt. Zu meinen 103. Geburtstag hat unser Oberbürgermeister einen Korb mit einhundertdrei Fläschle Piccolo gebracht, und er meinte zu mir: „Da haben Sie was für's ganze Jahr zu trinken!" Ich hab ihm geantwortet: „Ja, aber das Jahr hat dreihundertfünfundsechzig Tage!"

Anna Stadler wird von ihrer Schwiegertochter Elisabeth ausgefahren.

Ich vermisse das Landleben sehr

Es war im Januar 1990, im Herbst wurde ich hundert, da sagte der Augenarzt, ich hätte den grauen Star und solle mich operieren lassen. Da habe ich mir gedacht: Das lohnt doch nicht mehr! Hab ich denn gewußt, daß ich so alt werde?

Ich hatte noch zwei Schwestern, eine lebte noch bis voriges Jahr, die andere wohnt in Hannover, und wird nächstes Jahr hundert. Wie es kommt, daß ich so alt geworden bin, weiß ich nicht. Ich habe mein ganzes Leben nur gearbeitet.

Ich bin sehr religiös. Unser Vater hat früher immer mit uns gebetet, auch Tischgebete. Er hat uns Kindern beigebracht, daß wir danken müssen. Ich kenne auch heute noch alle Lieder auswendig. Wenn ich einmal sterbe, wünsche ich mir das Lied: „Christi Blut Gerechtigkeit", das habe ich mit meinem Großneffen schon ausgemacht.

Wir waren zwölf Geschwister, und lebten auf einem großen Bauernhof in Hinterpommern: Kaffzig, Kreis Rummelsburg. Ich liebe den Bauernhof, aber einen eigenen möchte ich nicht haben.

Meta Berndt in den zwanziger Jahren.

Mein Vater starb 1906 an einer Magenkrankheit, heute nennt man das wohl Krebs, aber ob das nun Krebs war? Mutter hat es ohne Vater geschafft, weil wir Leute hatten, die wenig Miete zahlten und dafür in der Erntezeit für uns arbeiteten: Zehn Männertage und zehn Frauentage, und wenn wir sie länger brauchten, wurde das extra bezahlt.

In unserer Nähe hatte auch die kaiserliche Familie ihre Domänen. Ich mochte die Familie sehr.

Zwei meiner Brüder waren richtige Bauern. Die Mutter hatte dem Ältesten den Hof schon überschrieben, aber als er im Urlaub war, hat sie den Hof rückübertragen lassen, weil es ihr der Bürgermeister so geraten hatte. Er meinte, wenn der Sohn fallen sollte, würde der Hof aufgestückelt an die vielen Geschwister, aber so gehöre der Hof wieder ihr, und sie könne damit machen, was sie wolle. Und so kam es leider auch. Mein ältester Bruder ist 1916 in Tunis gefallen. Mutter gab den Hof an zwei Kinder ab und ging aufs Altenteil. Da wurde sie versorgt, sie hatte eine Wohnung, einen großen Garten und hat sich noch eine Ziege gehalten.

Ich lebte in der Stadt, da war meine Schwester in einer Konditorei als Verkäuferin. Zu der Zeit wurde man nur angelernt, und das reichte aus. Dort bin ich mehrere Jahre gewesen. Ich habe immer aufgepaßt, wie alles gemacht wird, sämtliche Rezepte habe ich mir gemerkt, oder wie Torten garniert werden. Das habe ich später anwenden können.

Später war ich bei einer Cousine, sie besaßen ein Gut in der Nähe von Zoppot. Da bin ich auch mehrere Jahre gewesen, aber es wurde so unruhig. Wir waren dort vor dem letzten Krieg noch die einzigen Deutschen. Meine Cousine hat das Gut verkauft und ein anderes bei uns in Pommern genommen.

Ich war immer eine Weile weg von zu Hause, aber schließlich kam ich wieder zurück.

Ich habe gekocht und gebacken, habe aber auch Landwirtschaft gerne gemacht. Wir hatten zwei große Gärten mit Blumen und Gemüse, hatten Katzen, einen Schäferhund und einen Dackel. Die Hunde kamen nicht in die Wohnung, die hatten ihre Hütten draußen. Geritten bin ich nicht, da hatte ich zu große Angst. Es reichte, wenn ich bei der Ernte auf den Wagen steigen mußte, aber was wollte ich machen, wir hatten keine Leute.

Meta Berndt bei der Arbeit im pommerschen Kaffzig.

Ich habe gern ein richtiges Pommerngericht gekocht, das heißt „Überguß". Kartoffeln werden geschält und klein-geschnitten, Pökelfleisch wird mit wenig Brühe gekocht, und es werden geschmorte Zwiebeln hineingetan, in der Brühe werden die Kartoffeln gekocht, und die Zwiebeln drübergeschüttet und zuletzt das Fleisch dazugegeben.

Im Zweiten Weltkrieg, als die Männer eingezogen wa-ren, kamen Mädchen aus dem Rheinland, sie mußten beim Bauern arbeiten. Nach dem Krieg die zweieinhalb Jahre unter den Polen und den Russen, das war ein Lei-densweg

1947 mußten alle Deutschen raus. Es ist nicht leicht, wenn man alles im Stich lassen muß, und ohne Ziel und ohne Andenken an die Familie vertrieben wird. Wir wa-ren drei Wochen unterwegs, meine achtzigjährige Mut-ter, meine Schwester und ich. Ich bin oft in Todesgefahr gekommen. Wir wußten gar nicht, wo wir hinsollten, das ganze Dorf wurde geräumt, und die dablieben, die alten Leute, die haben sie totgeschossen. Im Treck ging es los, mit unserem Pferdewagen. Ich habe den Wagen einmal in ein Loch gelenkt, und gleich ist die Deichsel gebrochen. Die anderen haben uns geholfen, sie zu repa-rieren, und weil wir keine Ahnung vom Wagenlenken hatten, hat uns unser Gutsbesitzer einen von seinen Leu-ten gegeben.

Zuerst kamen wir nach Thüringen, und dann nach Ilfeld. Eine Schwester hat uns bald darauf nach Hanno-ver in ein Lager geholt. Meine Nichte, die in Mettmann lebte, nahm uns dann auf. 1960 starb meine Mutter mit 95 Jahren, und meine Schwester starb fünf Jahre danach.

1966 hat mir meine Nichte angeboten, bei ihr in Düssel-dorf zu wohnen. Am 26. Juni zog ich in mein Zimmer über ihrer Wohnung. Heute gehe ich immer noch jeden Tag ein paar Mal die vierzig Stufen. Bei meiner Nichte habe ich die Wirtschaft geführt. Als das Kind geboren wurde, gab es Arbeit genug.

Ich habe es gut, aber ich vermisse das Landleben sehr. Hier haben wir keinen Garten. Dafür bin ich jedes Jahr vierzehn Tage bei der Ältesten von meiner Nichte, in Ur-laub sozusagen. Sie holen einen Rollstuhl und fahren mich aus. Das ist richtig schön für mich.

Am liebsten sitze ich im Schaukelstuhl, und wenn ich allein bin, singe ich all die schönen Lieder für mich. Wenn ich mal nicht schlafen kann, mache ich mir gute Gedanken. Mir fallen dann die ganzen schönen Dinge ein und all die schönen Lieder, und dann wird mir nicht langweilig.

Ich habe nie schlechte Gedanken. Ich bin so freudig in mir und denke nur gut. Mein Lieblingsspruch ist: „Weise mir, Herr, Deinen Weg, daß ich wandle in Dei-ner Wahrheit, erhalte mein Herz bei dem Einen, daß ich Deinen Namen fürchte." Danach habe ich mich auch immer gerichtet, wenn es auch noch so schwer war.

Meta Berndt im weißen Kleid mit ihrer Mutter,
Schwester Luise und Nichte Edelgard. Kaffzig 1935.

Seit 34 Jahren gehört sie zur Familie: Meta Berndt bei ihrer Nichte Edelgard und deren Mann Willi.

Tränen habe ich in meinem Leben schon so viel vergossen, daß ich gar nicht mehr weinen kann. Die Heimat verlassen zu müssen, das war das Schlimmste für mich. Es gibt ein Lied darüber, das ich einfach ein bißchen umgedichtet habe, so etwas kann man doch?

Ich war noch einmal in Pommern. Es ist alles anders, aber was soll's? Böse bin ich aber auf keinen, der liebe Gott hat auch vergeben, wie sollte ich da böse sein. Vielleicht habe ich auch mal was Schlechtes gemacht, und ich hoffe, daß man mir auch nicht mehr böse ist. „Liebet euere Feinde, wie euch selber, und tuet Gutes denen, die euch hassen …"

Für Politik interessiere ich mich auch. Ich mag am meisten die CDU, und den Kohl mochte ich auch gern.

Nachrichten und Radio höre ich jeden Tag, und wenn mir mal etwas nicht gefällt, dann schalte ich ab. Ich schalte nicht das Radio ab, sondern schalte mich ab und trete in das „weite Feld der Ewigkeit".

Ich hatte mal zu hohen Blutdruck und sollte jeden zweiten Tag eine Tablette nehmen, aber jetzt sind meine Werte schon lange gut. Ich nehme jeden Morgen zwei Teelöffel voll Kosterfrau Melissengeist in den Caro-Kaffee, und das schon seit dreißig Jahren. Ich heile alles mit Klosterfrau Melissengeist. Unser Hausarzt meinte zu mir: „Ich glaube, Sie mögen mich nicht." Ich antwortete: „Doch, ich mag Sie gerne, aber nicht an mir!" Er hat mir zum Geburtstag Blumen geschickt, und geschrieben, daß es so bleiben möge, daß ich keinen Arzt brauche.

Maurer, Goldgräber, Polizist

Meine Jugend ist verlaufen, wie es früher auf dem Land halt so war. Meine Leut waren nicht reich, sie haben ein paar Stückl Vieh gehabt und ein bissel Land. Mein Vater war ein angesehener Schäfer. Er hat über hundert Schafe gehabt. Wenn mal ein Tier bei den Bauern krank war, sind sie zu ihm gekommen. Er hat auch zwei schöne Schäferhunde gehabt, die er selbst abgerichtet hat. Wenn mal ein Schaf von der Herde wegging, liefen die Hunde von ganz alleine los und jagten es zurück.

Als Kind bin ich viel mit meinem Vater rausgegangen, und bin zwischen den Schafen herumgerannt. Wir waren sieben Geschwister. Als ich zehn Jahr alt war, starb der Vater, und ich mußte bei den Bauern Kartoffeln schälen, Holz reintragen und andere Arbeiten machen. Ich stamme von Benk oben. Das war ein richtig kleines Bauerndorf, da hat es keine geteerte Straße gegeben, nur Steine sind reingekommen, und die Bauern sind drübergefahren. Es gab Öllampen mit Zylinder drauf, und der wurde ganz schnell schwarz, da hat man immer wieder putzen müssen. Ich weiß nimmer so genau, wann der Strom gekommen ist.

Spielzeug hat's früher nicht gegeben, am Weihnachtsbaum hingen ein paar Äpfel und paar Nüsse und ein paar Plätzchen. Aber die Menschen waren genauso glücklich wie jetzt, wenn sie auch abends bloß Brotsuppen, Kartoffeln und weißen Käs gegessen haben. Dafür hat es nicht so viel Kranke gegeben.

Ich war 1912 für drei Jahre in der Bremermühle bei einem Bauern, das war ein ganz „sauberer". Er war nett zu den Leuten und gerecht. Da hatte ich zwei Pferde und immer, wenn ich nach Bayreuth mußte, konnte ich im Gasthof eine Sülze essen.

Noch vom ersten Krieg her hab ich einen Schuß fast am Herzen, und hinten ein Loch, da waren die Rippen gespreuselt. Früher hatte ich damit viel Schwierigkeiten, aber heut nimmer. In Bad Ischl hab ich damals eine Kur gekriegt, dort hab ich mal den Kaiser getroffen und sein Weib. Er ist mir entgegen gekommen, und da hab ich gedacht: Was kommt da denn für ein altes Männle, und so ellenlang? Er hatte so einen Busch dran und Waden-strümpfe an, und wie wir zusammengekommen sind, haben wir uns angesprochen. Wie der gemerkt hat, daß ich ein Bayer bin – und die Österreicher und die Bayern, die mögen einander doch so gern –, da ist er davongegangen.

Ich war auch mal Bauarbeiter und hab die Steine und den Mörtel in so eine Kraxen reingeben müssen und auf das Gerüst rauftragen. Heute tät man am liebsten die Zigaretten mit dem Kran raufholen! 1922 habe ich geheiratet. Wir haben gerne getanzt. Einen Bub und ein Mädchen hatten wir. Ich hab ein Häuschen gebaut. Drei Ziegen, Hühner, Enten, Tauben und zwei Schweine hab ich gehabt, eins für mich und eins für den Metzger. Die Milch von der einen Ziege hat immer den Schweinen gehört. Meine Frau ist sehr zeitig gestorben, da hab ich mir ein schönes Leben gemacht. Ich bin viel gewandert, am liebsten allein. Ich kenne die ganze Gegend von hier und Österreich. Ich wollte mal sehen, wo der Schnee nicht weggeht, und da bin ich gelaufen und gelaufen, aber bin doch nicht hingekommen. Und als es stockfinster geworden war, hab ich gedacht: Wenn du jetzt umkommst, dann findet dich keiner mehr.

Vor dem zweiten Krieg hab ich gearbeitet, was sich gefunden hat. Ich hab die Mainbrücke, die bis zu meinem Häuschen gegangen ist, mitgebaut. Vom ersten Spatenstich an bis zur ersten Autofahrt, das hat zwei Jahre gedauert. Ich war auch mal als Bergmann in einer Goldmine bei Berneck. In die Mine sind wir eingefahren mit einem geflochtenen Korb. Es war schön da unten. Wir haben auch Gold gefunden, aber ohne Maschinen ging es nicht. Ein Schacht ist dann abgesoffen. Mit Maschinen hätte man mehr machen können.

Einmal bin ich in Österreich alleine spazierengegangen, und eine Frau ist auch allein spazierengegangen. Ich bin so herum gegangen, und sie ist andersherum gegangen, und in der Mitte sind wir zusammengekommen. Dann sind wir zusammen runtergelaufen, und dazwischen war eine Bank, und dann haben wir uns hingesetzt und uns unterhalten. Wir haben zusammen am Josefsplatz gelebt. Nach dem Krieg habe ich bei der Polizei gearbeitet, zu meinem 100. Geburtstag hat mir der Polizeichor ein Ständchen gebracht. Nach dem Tod meiner Frau bin ich noch in der Wohnung geblieben, jetzt lebe ich im Hospitalstift. Meistens sitze ich allein hier herum.

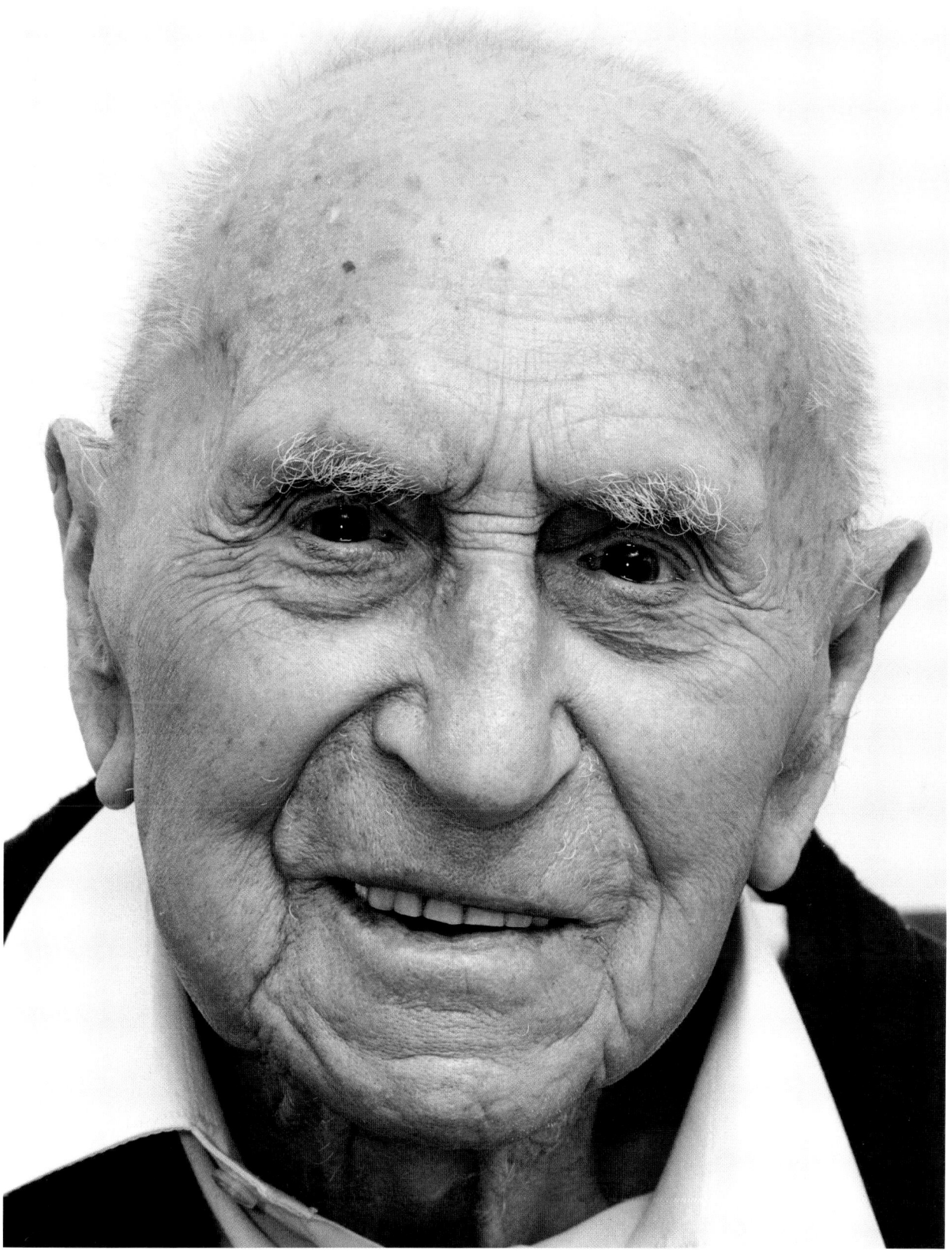

An den Feiertagen ist es am schlimmsten. Meine Tochter wohnt in Kulmbach und ist krank, mein Sohn ist auch schon achtzig.

Da drüben ist eine Schule, und wenn die Kinder Schluß haben, sind sie wie die Bienen.

Ich esse keinen Kuchen und kein Fleisch, den Kuchen vertrage ich nicht und dem Engländer sein altes Rindfleisch – das kann er selber essen. Einen Hendlschlegel, den esse ich schon mal. Früh meinen Kaffee, das ist die Hauptsache! Ich krieg früh ein Kännchen Kaffee und ein Kännchen Milch, dann meine Butter und Marmelade, und dann bin ich spickend satt und brauch mittags höchstens eine Suppe, die esse ich immer gern.

Georg Lerner im Hospitalstift.

Der Kaiser war ganz klein und häßlich

Mit achtzig habe ich wieder zu malen angefangen, weil mir mein Enkel einen Malkasten mitgebracht hat. Ich hatte als junges Mädchen gemalt und es dann aufgegeben, als ich mit zwanzig Jahren heiratete. Mit Rembrandt habe ich angefangen, und weil sein „Selbstporträt" so ähnlich geworden ist, bin ich auf Porträts gekommen. Achtundvierzig Bilder habe ich gemalt: Viel Familie, Ikonen, Terborch, Renoir und Rembrandt. Ich bin auch stolz darauf, denn Porträtmalen ist sehr schwer. Als ich sechsundneunzig wurde, habe ich mit allem aufgehört: Mit malen, schwimmen, reisen, Klavier spielen.

Meine Kindheit verbrachte ich in Rüsselsheim, mein Vater hatte eine Apotheke. 1900 sind wir nach Hanau gezogen, weil meine Mutter wollte, daß wir eine gute Schulbildung bekamen. Ich lernte in einer Privatschule, und mein Bruder ging auf das Gymnasium. In Hanau waren wir aber nur vier Jahre. Mein Vater war an einem Nierenleiden erkrankt, und wollte ein Jahr aussetzen. Er hatte in Darmstadt studiert und mochte diese Stadt sehr, so entschlossen sich die die Eltern, dorthin zu ziehen. Noch während wir unsere Koffer packten, starb mein Vater plötzlich. Mutter zog mit uns trotzdem nach Darmstadt. Wir sind streng erzogen worden, und das war gut so! Ich kann mich in jeder Lebenslage zurechtfinden.

Heute dürfen Kinder alles, und bekommen alles geschenkt, bis hin zum Auto, und können es gar nicht schätzen. Das finde ich nicht richtig!

Einen Beruf habe ich nicht erlernt, das war früher ja nicht so üblich. Nach der Schule bin ich noch ein Jahr in die Schweiz geschickt worden, um Französisch zu lernen.

Mit siebzehn Jahren habe ich mich verlobt. Meinen Mann hatte ich in der Tanzstunde kennengelernt. Erst hatte er ein Auge auf meine Freundin geworfen, und ich war sehr betrübt, denn er hat mir sofort gefallen. Beim zweiten Tanz forderte er mich auf, und da war alles klar! Es war die ganz große Liebe. Zu unserer Verlobung haben wir eine Droschke gemietet und Besuche gemacht, wir gaben unsere Visitenkarten ab. Mein Verlobter war Offizier, und wenn ich mit ihm in der Stadt war und wir dem Großherzog begegneten, mußte ich einen Hofknicks machen. Den Kaiser Wilhelm habe ich damals oft gesehen, weil ich zu den Paraden nach Mainz gefahren bin, mein Mann war dort in der Garnison. Der Kaiser war ganz klein und häßlich, aber ich war damals auch noch zu jung, um die Kaiserwürde so richtig zu verstehen. 1914 haben wir geheiratet. Der Kaiser hat damals seine Genehmigung zur Kriegstrauung geben müssen,

Irene mit ihren Eltern und dem Bruder.

Irene mit ihrem Bruder zur Tanzstunde.

Irene Mergelsberg in ihrem Zimmer im Altkönigstift.

und meine Mutter mußte viele Goldmark auf den Tisch legen. Als Kind wußte ich gar nicht, daß Mutter so vermögend war.

Mein Mann war vier Jahre im Feld, ich besuchte ihn 1916 in Serbien. Bei der Heimfahrt über Posen habe ich mich im Soldatenmantel versteckt. Vier Wochen vor Kriegsende wurde er als vermißt gemeldet. Ich habe nie wieder etwas von ihm gehört. Später habe ich noch einmal geheiratet, aber das war ein großer Reinfall.

1925 zog ich nach Berlin und lebte dort siebenundzwanzig Jahre. Ich hatte am Kaiserdamm in Charlottenburg eine Wohnung mit sechseinhalb Zimmern. Für Politik hatte ich nicht das geringste Interesse. Hitler mochte ich nicht, den habe ich ziemlich schnell durch-

schaut. Mein Bruder hatte ein Hitlerbild hängen, da habe ich es einfach umgedreht. Oh, war der da empört! Ich habe Hitler öfter erlebt, ein furchtbarer Kerl! Daß ein ganzes Volk dem zu Füßen lag, das ist unglaublich! Die Berliner waren richtig verrückt nach ihm!

Im April 1945 haben die Russen das Haus angesteckt, als sie Berlin stürmten. Zwei Köfferchen konnte ich retten und bin bei einem Freund untergekommen. Das habe ich gar nicht so tragisch genommen, denn was braucht man schon wirklich zum Leben!

Meine Tochter, sie ist jetzt zweiundachtzig Jahre, lebte damals in Frankfurt, und wollte ihre Ehe nicht aufrecht erhalten, weil diese sehr schlecht ging. Sie hatte aber einen kleinen Bub und war berufstätig. Also ging ich nach

Irene Mergelsberg mit ihren selbstgemalten Bildern.

Frankfurt, um meinen Enkel Hanns Peter zu erziehen. Er dankt es mir heute noch. Meine Tochter lebte später sechs Jahre in Italien, da habe ich jedes Jahr bei ihr Urlaub gemacht, und wir haben uns das Land bis Sizilien angeschaut. Auch durch Spanien sind wir beide gereist.

In der Welt sieht es sehr schlecht aus, so mies! Was soll nur noch werden? Ich habe durch zwei Kriege und die Zeit danach sechzehn Jahre lang unnormal gelebt.

Vor fünfzehn Jahren hatte ich eine Hüftoperation, allerdings fängt die linke Hüfte nun an, mir Schwierigkeiten zu machen. Ich muß vorsichtig beim Laufen sein! Es gibt hier einen Park, und ich gehe sehr gern spazieren. Hier im Altkönigstift habe ich erst richtig Ruhe gefunden. Gerade, als ich in das Heim ziehen wollte, war die

Frau meines Bruders gestorben, und er hat mich gefragt, ob ich ihn nicht mitnehmen wolle. Wir waren zehn Jahre zusammen hier.

Ich habe mein ganzes Leben sehr geregelt gelebt, und das tue ich jetzt noch. Punkt viertel eins gehe ich runter zum Mittagessen. Sicher trägt das dazu bei, daß man lange lebt. Ich rauche noch etwas, nicht viel, aber eine Zigarette morgens zum Tee und etwa vier pro Tag. Ich trinke auch gern etwas Alkohol, besonders ein Gläschen Sherry.

Dann ging's ab nach Casablanca!

Mit Mundharmonika habe ich schon angefangen, da ging ich noch zur Berufsschule. Das hat mir keine Ruh gelassen. Wir hatten einen prima Hund, einen Wolfsspitz. Der war so musikalisch, wenn ich mit der Mundharmonika nach der Turnstunde heim bin und ihm was vorgespielt hab, da hat der gejault wie ein Wolf. Das war ein gescheiter Kerl!

Treuen im Vogtland ist meine Heimat. Wir waren sieben Geschwister, von denen lebt heute keiner mehr. Mein Vater war ein Weber. Mit der Hand wurden da die Schützen niedergeschlagen und rübergeschlagen. Ich hab auch Weber gelernt, in einer Wollweberei, das war eine feine Arbeit! Wir hatten Strom. Von den Transmissionen gingen die Treibriemen überall zu den Webstühlen. Na ja, der Verdienst war nicht so sehr groß.

Und dann kam der gottverdammte Krieg! 1913 war ich schon Soldat, da ging's fort nach Leipzig auf den Hauptbahnhof. Vierzehn ging's raus an die Grenze, nach Holland rein. Ich war bei der Infanterie, wir mußten alles tragen. Ich habe aber nicht lange mitgemacht, ich bin anfangs gleich in Gefangenschaft geraten. Die waren nicht verkehrt, die Franzosen! Wer bei den Russen war, der war schlechter dran. Mein Bruder ist schon 1915 in Rußland gefallen.

Als Kriegsgefangener kam ich nach Südfrankreich, nach Marseille, da unten sind wir eingeschifft worden. Dann ging's ab nach Casablanca! Die Schiffe haben nicht so viel Knoten gemacht wie heute, wir waren den ganzen Monat unterwegs. Wir mußten alte eingefallene Städte wieder in Ordnung bringen. Der Franzose hat sich nicht drum gekümmert, und da haben die sich gesagt: „Halt, die Kriegsgefangenen, die können wir nach Marokko tun!" Da war einer, der sich mit dem Zeugs beschäftigt hat, und der hat die Sache dann in Schwung gebracht. Er hat Loren ranbringen lassen und kleine Kipper. Das war eine schöne Arbeit, und zu lange mußten wir auch nicht machen, wegen der Hitze. Wir haben auch Goldmünzen und große Taler aus Bronze gefunden. Einer von den Kriegsgefangenen war wohl krank geworden und gestorben, da mußten wir wieder raus. Da

warst du egal unterwegs! Von Casablanca nach Tanger ging's mit einem kleinen Zug und dann mit dem Schiff zurück.

In Frankreich hab ich mich sofort zum Bauern gemeldet, weil ich raus wollte aus der Patsche. Die Bauern haben uns angefordert, weil die ihre Leute an die Front schicken mußten. Ich hab nur mit Pferden gearbeitet, schwere Dinger! Ich hatte keine Ahnung von dem Zeug, da hab ich mich erst mal eingearbeitet. Die hatten große doppelscharige Wendepflüge, die drei Pferde hatten ganz schön zu tun!

Als ich 1920 aus Frankreich zurückkam, war ich erst draußen bei Köln, in Opladen. Dort war ich in so einer Eisengießerei, wir haben Lokomotiven gebaut. Aber das Katholische hat mir nicht gepaßt, und ich hab mir gesagt: Das hat keinen Zweck, die haben ihren Glauben für sich! Überall haben sie große Fisematenten gemacht, und da bin ich wieder heim.

Wo ich wieder heimkam, haben die mich sofort als Weber eingestellt. Ich kam nach Auma in eine neue Weberei. Die haben Buntgardinen gewebt, mit dem Kreuzdreherfaden, feine Sachen! Das war alles kompliziert, das konnte nicht jeder machen. Ich hab mich da reingefizzt.

In Auma war ich von zweiundzwanzig bis dreißig. Früher hat man sich beim Tanz kennengelernt. Wenn auf dem Dorf was los war, sind wir hin. Sie war vielleicht zweiundzwanzig, eine hübsche Frau, gut gewachsen! Die waren zwölf Geschwister zu Hause, da kann man sich mal ein Bild machen, was da los war! Meine Frau war nicht schlecht, sie ist aber schon mit vierundsiebzig Jahren gestorben. In einer Mosterei hat sie mitgeholfen, wo es immer gekocht hat, da hat sie sich das Asthma geholt.

Wir hatten einen Jungen, der ist Sattler geworden. Als er starb, war er noch keine siebzig. Es ist ein Jammer, wenn man niemand mehr hat!

1926 habe ich angefangen mit Motorradfahren. Das war eine 206 Kubikzentimeter DKW mit Handschaltung, Fußschaltung kam erst später raus. Das Motorrad war kräftig gebaut, starker Rahmen, achtundzwanziger Räder, die waren ziemlich groß. Das hatte noch Riemenantrieb, die Kette kam erst später auf. Wenn der Riemen bissl naß war, hat er gerutscht, dann kamst du gar nicht vom Fleck. Fünfundsechzig, schneller lief die nicht. Da war noch kein Betrieb auf der Straße, da ging's ruhig zu.

Emil Seidel auf seiner DKW.

Es ist net jedermanns Sach, die ganze Woche arbeiten, und dann sollste noch draußen rumgondeln. Na ja, wir waren noch jung, da ging das noch. Die Frau ist auch mit nauf gefahren nach Bayern: Bayreuth, Kulmbach, Kronach …

Dreißig hat dann der Unternehmer in Auma Schluß gemacht, und das ganze Gelumpe verkloppt. Der Plauensche hat das Zeug aufgekauft. Die Webstühle haben sie nach Plauen geschafft, und in der Hammerstraße wieder aufgebaut. Ich hab dort gearbeitet.

Im zweiten Krieg mußte ich in den Harz, nach Clausthal-Zellerfeld. Ein paar Jahre hab ich in der Munitionsfabrik gearbeitet. Ich hatte Glück, als eine Bombe auf die Fabrik fiel, war ich gerade auf dem Hof. Als ich nach Plauen zurückkam, war nur ein Trümmerhaufen, wo wir gewohnt haben. Ich bin zwanzig Kilometer gelaufen und hab meine Frau dann bei ihrer Schwester gefunden.

Ich hab noch ein Enkele, die hat auch ein Geschäft hier. Die Irmgard ist net verkehrt, ihr Mann, der Leopold, ist auch gut! Der hat einen Mercedes-Wagen, der läuft wie der Teufel! Sie besuchen mich immer hier.

Wir lauern bloß drauf, daß wir endlich mal ordentliches Wetter kriegen und rausfahren können. Aber ich seh ja nichts mehr …

Das Schlechte dürfen wir net rechnen, nur das Gute! Ja, auf der Mundharmonika kann ich noch spielen, das zeig ich jetzt gleich mal!

Emil Seidel mit seiner Mundharmonika.

Zwei Stunden zu Fuß in die Ziegelei

Immer, wenn ein Kind von der Stadt vergeben wurde, haben sie an mich gedacht. Sie haben gesagt, ich wäre die beste Pflegemutter. Ich hatte fünf Pflegekinder in Naumburg, von 1929 bis nach dem Krieg. Zwei Mädchen hatte ich, bis sie achtzehn waren, die eine, die Christa hab ich aus dem Kinderheim geholt, als sie ein Jahr alt war. Die beiden Mädchen leben heute in Köln.

Wir waren zu Hause fünf Kinder. Nach der Schule bin ich in Zeitz in Stellung gegangen.

Beim Schuhmacher Dengs hab ich im Monat zehn Mark gekriegt, bei anderen gab's nur sieben. Und dann im Weltkrieg habe ich in Leipzig in einer Gaststätte bedient. Da hab ich den Vater von meinem Sohn Herbert kennengelernt. Er ist jeden Tag zum Essen in das Restaurant gekommen. Als ich schwanger war, bin ich wieder nach Hause.

In der Gegend um Zeitz gab es viel Braunkohle. Auf der Grube Paul 1 habe ich ganz gut verdient, achtzehn Mark die Woche. Ich war am Tag an der Brikettpresse, und nachts auf dem Füllboden, da haben wir Kohle rein getan. Von früh um sechs bis abends um sechs ging die Schicht. Später haben wir in drei Schichten gearbeitet. Als die Italiener bei uns arbeiten mußten, wurden wir entlassen. Das waren Kriegsgefangene, die hatten sie billiger.

Minna mit Sohn Herbert im Jahre 1917.

Minna und Franz Oskar zur Hochzeit im Jahre 1924.

Von irgendwas mußte ich ja leben, da bin ich jeden Tag in die Ziegelei gefahren. Im Zug hab ich Oskar kennengelernt. Er war fünf Jahre jünger, aber das machte nichts. 1924 war die Hochzeit. Zur Trauung mußten wir nach Teuchern zum Standesamt laufen.

Die Arbeit in der Ziegelei war noch schwerer als in der Kohle. Sie suchten welche für die Presse, aber keiner wollte. Den ganzen Tag mußten wir uns bücken und den nassen Lehm in die Form pressen. Dann haben sie die Bahn eingestellt, und ich mußte zwei Stunden hin und zwei Stunden zurück zu Fuß gehen.

Als sie die Ziegelei zumachten, sind wir nach Naumburg gezogen. Ich habe für drei Herren vom Schwurgericht saubergemacht, und mein Mann war in der Brauerei. Anschließend war ich in der Landwirtschaft beim Bauer Reichenbach. Seine Frau hat mir wenig bezahlt, und in der Kasse hat sie mich auch nicht angemeldet, das fehlt mir jetzt an der Rente.

1940 ist Oskar in den Krieg eingezogen worden. 1944 war er das letzte Mal auf Urlaub. Er schrieb dann von Posen, ich sollte doch mal hinkommen. Acht Tage war ich dort, als die Flieger kamen. Mein Mann und die anderen mußten weg und hatten dann nichts mehr zu essen. Sie sind zusammengebrochen, und alle ins Massengrab gekommen. Ein Kamerad, der ihn mit begraben hat, hat mir es mir geschrieben und daß er Feldblumen mit reingelegt hat zum Andenken.

So nach und nach gingen die Pflegekinder aus dem Haus, ich hatte dann nur noch die Christa. Sie hat mir geholfen, als ich dann von einundfünfzig an zwei Jahre beim Baustoffhandel war.

Minna Kresse kennt keine Langeweile.

Ich hab mir dreiundfünfzig Arbeit bei der HO gesucht. Einunddreißig Jahre war ich dort, es wollte ja keiner sauber machen. Zwölf Mal war ich mit im Kinderferienlager, sie brauchten mich in der Küche. Alle haben mich Tante Minchen gerufen. Mir hat die Arbeit Freude gemacht.

Mit dem Arbeiten ist es seit vierundachtzig vorbei. Ich stehe früh nicht mehr auf. Ich bleibe liegen, und lese die Frauenzeitschriften und die Knappschaftszeitung von meiner Krankenkasse.

Abends um sieben geht der Fernseher an. Die Nachrichten sehe ich gerne, ich muß doch wissen, was in der Welt geschieht. Jetzt haben sie gerade den hundertsten Geburtstag von der Queen Mam gezeigt. Na, meine Güte, das ist doch kein Alter! Als ich hundert wurde, da konnte ich noch alles!

Am 3. Oktober hat mich mein Freund Curtchen immer ins Rathaus eingeladen. Curt Becker ist unser Oberbürgermeister, den haben die Naumburger gern. Curtchen kommt nicht nur am Geburtstag zu mir. Er war öfter da, als ich voriges Jahr die Treppen nicht mehr laufen konnte. Die erste Zeit war schlimm!

Weil ich in der Grube gearbeitet hab, kam ich nach der Wende in die Krankenkasse vom Bergbau. Das ist

Das Lesen gehört bei Minna noch zum Tagesablauf.

ein Glück, die Knappschaftskasse gibt mir so einen modernen Rollstuhl, mit dem kann man die Treppen fahren. Der kostet bald zehntausend Mark!

Im Haus ist immer jemand da, meine Schwiegertochter, meine Enkelin oder ihre Kinder. Langeweile kenne ich nicht!

Die „Huth'sche Urkraft"!

Tante Magdalene wurde hier in Rinteln in der Weser-mühle geboren. Sie hatte noch zwei ältere Schwestern, Anna und meine Mutter Friederike.

Meine Großmutter hatte eingeführt, daß alle in der Mühle zusammen an einem Tisch zu Mittag aßen, weil sich die, die zuerst kamen, die besten Brocken nahmen. Die Müllerburschen baten immer um gefüllten Kohl-kopf.

Damals war es üblich, daß von der Mühle Essen ge-bracht wurde, wenn jemand krank war, und das Austra-gen war Aufgabe der Kinder. Zur Mühle gehörte ein kleines Ladengeschäft, dort kauften die Leute kleinere Mengen Mehl oder Futter für ihre Kleintiere, und die Mädchen halfen beim Verkauf. Gearbeitet wurde in der Mühle auch am Heiligabend, Weihnachten begann erst am Feiertag. Der Kirchgang konnte nicht früh genug sein. In Erwartung der Geschenke eilten die Mädchen nach Hause, sie sahen schon von weitem die hell er-leuchteten Fenster, und waren sehr aufgeregt.

Traditionell ging die Familie jeden Sonntag spazieren, zur Ahrensburg durch blumige Wiesen oder an den He-xenteichen vorbei, eine gruselige Angelegenheit für die

Magdalene vor ihren Schwestern Anna und Friederike im Jahre 1896.

Kinder. Die Sage berichtet, daß man junge Mädchen dort als Hexen ertränkt habe. Eine beliebte Station der Spaziergänge war auch das Haus des alte Focke, ein An-gestellter in der Mühle, der seit seiner Pensionierung hinter dem Wald im Nachbardorf wohnte.

Oft wurden die Kutscher mit den Pferdewagen losge-schickt, und manchmal kamen die Pferde allein zurück, weil der Kutscher irgendwo in einem Gasthaus „ver-sackt" war.

Tante besuchte mit ihren Schwestern in Rinteln die Höhere-Töchter-Schule. Als meine Mutter und Tante Anna nach Berlin auf die Lette-Schule kamen, schickte man Tante Magdalene nach Bergneustadt in ein christ-liches Pensionat. Dort lernte sie neben Sprachen auch Hauswirtschaft. Nach dem Abschluß bot man ihr sogar an, gemeinsam mit einer Schwester das Pensionat zu übernehmen. Aber Tante Magdalene hatte ihre eigenen Pläne, sie sagte von sich, daß sie schon als Kind ein klei-ner Querkopf gewesen sei.

Gern erzählte sie aus der Zeit, als sie Hausdame bei ei-nem Amtsrichter in Bad Pyrmont war. Der alte Herr hatte sonntags seinen Stammtisch, und da thronte meine dreißigjährige Tante dazwischen.

Erst mit neununddreißig Jahren hat Tante Magdalene geheiratet. Sie war sehr wählerisch. Ein Mitkonfirmant und sie hatten sich versprochen, einmal zu heiraten. Ob-wohl sie sich dann aus den Augen verloren, blieb er im-mer in ihrer Erinnerung. Das war wohl auch der Grund für die späte Heirat.

Tante Magdalene war neununddreißig, als man sie ei-nes Tages bat, dem Justizamtmann zu helfen, den Haus-halt seiner verstorbenen Eltern aufzulösen. So haben sie sich gefunden. Sie wohnten zunächst in Hannover. Ich bekam damals eine Ausbildung als Kindergärtnerin und Hortnerin und mußte in Hannover ein einjähriges Prak-tikum machen. In dieser Zeit wohnte ich bei Tante Mag-dalene. Das war für mich Sechzehnjährige etwas Beson-deres. Sie hat mich zwar streng überwacht, aber es war eine schöne Zeit. Ihr Mann ließ sich gern von ihr ver-wöhnen. In dem Haus hatten sie eine Etage zur Miete, und einen schönen Garten. Die Blumen waren die Lieb-lingsbeschäftigung der Tante. Sie konnte auch schmack-hafte Marmeladen und Säfte herstellen. In ihrer Woh-nung hat sie immer die Fenster aufgelassen, damit die

Meisen hinein konnten. Ich mache es jetzt genauso.

Sie hatten auch einen Pflegesohn. Als die Soldaten nach dem Zweiten Weltkrieg entlassen wurden, mußten sie eine Adresse angeben. Rolfs Eltern waren in Königsberg umgekommen, und so meldete sich der Neunzehnjährige zu Regeners, die mit seinen Eltern befreundet waren.

Rolf ging später nach Mainz, um zu studieren. Der heute Fünfundsechzigjährige besucht die Tante immer noch, und bei seinem letzten Besuch stellte sie fest: „Du bist aber alt geworden!"

Nach dem Zweiten Weltkrieg kamen Regeners nach Rinteln zurück, und die drei Schwester lebten wieder in einem Haus zusammen. Das war schon nicht mehr die Mühle, die hatte mein Großvater 1917 verkauft, dafür aber ein großes Wohnhaus aus dem Jahre 1902 erworben. Onkel und Tante reisten gern an die Nordsee und verbrachten schöne Tage auf Borkum und Juist.

1965 wurde Tante Magdalene Witwe. Nach einem Oberschenkelhalsbruch im Jahre neunundachtzig kümmere ich mich intensiv um sie. Sie schwärmt heute noch, wie schön es im Krankenhaus gewesen sei. Sie lag über Weihnachten dort, und die Krankenschwestern hätten sehr oft an ihrem Bett gesessen und sich mit ihr unterhalten. Der Arzt schreibt ihr auch heute noch zum Geburtstag.

Tante Magdalene war stolz, und Mitleid war ihr nicht angenehm. Sie wollte nicht im Rollstuhl auf der Straße gesehen werden, lieber ging sie mit den Stöcken durch den Garten. Besuch kam oft ins Haus, sie kannte viele Leute aus der evangelisch-reformierten Gemeinde, und mit der Pfarrersfamilie war sie befreundet. Solange ich noch Auto fuhr, sind wir oft im Wald gewesen.

Als ich vor zwölf Jahren verunglückte, mußte Tante Magdalena ins Heim. Wir dachten erst, es müsse nur vorübergehend sein, aber leider wurde ich nicht mehr richtig gesund.

Sie hat die „Huth'sche Urkraft" geerbt, in der Hugenottenfamilie wurde man meistens sehr alt. Ob es möglicherweise eine Strafe wäre, daß sie so alt geworden ist, fragte sie mich neulich. Sie würde jederzeit gerne sterben. Sie weiß, daß das Sterben zum Leben gehört.

Kaffeetrinken ist für sie heute noch die schönste Mahlzeit. Sie war immer gastfreundlich und will einem auch heute noch sofort etwas anbieten.

Sie entschuldigt sich immer, daß sie schwerhörig ist. Tante und ich sind noch die einzigen aus der Familie, die übrig sind. Von den drei Schwestern hatte nur meine Mutter ein Kind, und ich habe auch nur eine Tochter.

Wenn ich an Tante Magdalene denke, merke ich, ihr langer Arm regiert uns heute noch, und ich bleibe in ihren Augen immer das Kind.

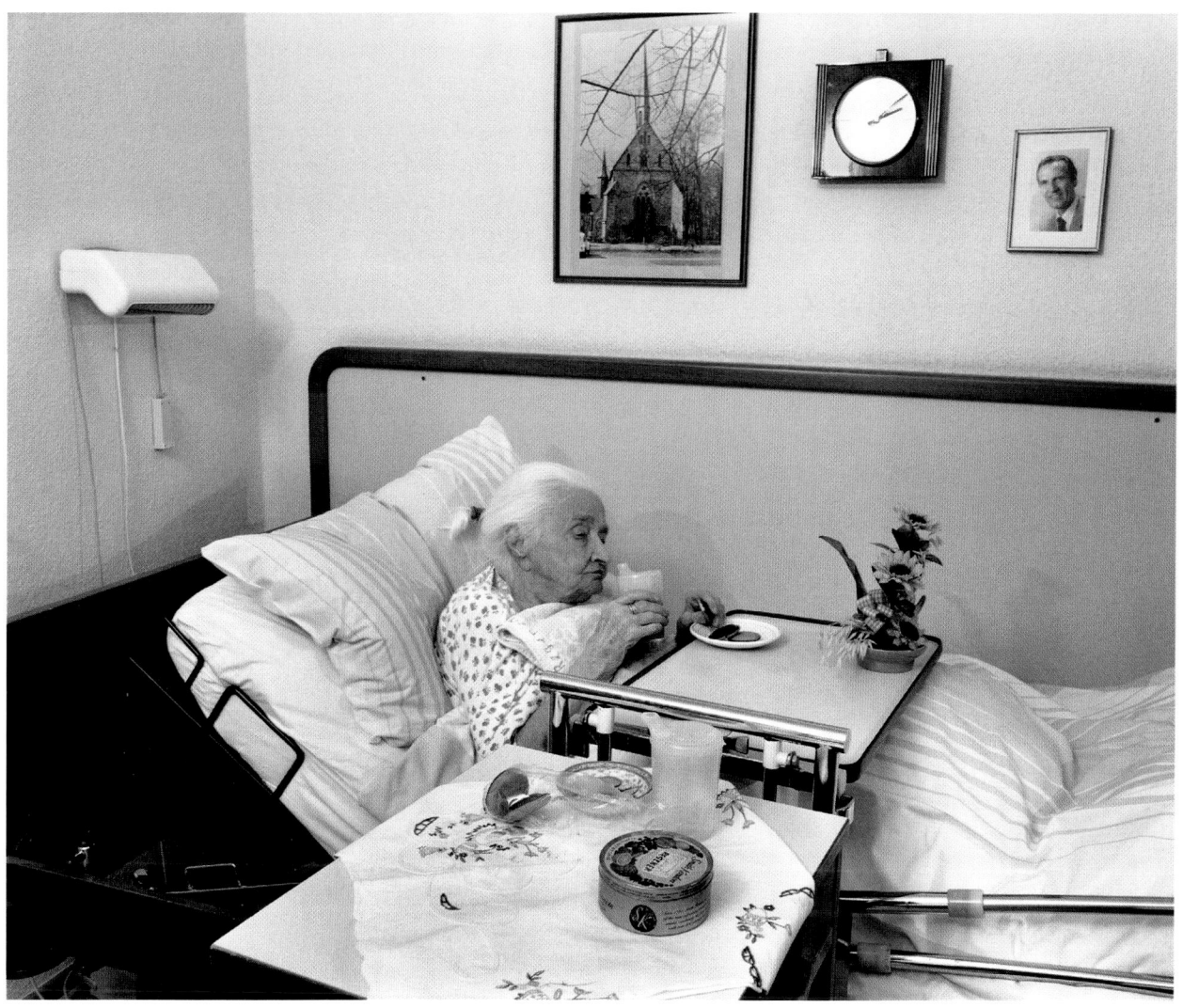

Magdalene Regener im Pflegeheim in Rinteln.

Früher jeden Tag ein Viertele und jetzt ein Achtele

Wir waren drei Kameraden und sind auf der Schwäb-
schen Alb spazieren gegangen. Da haben wir unterwegs
drei Frauen getroffen, die hatten alle drei gleiche Kleider
an, mit Matrosenkragen. Wir sind weiter gewandert und
haben sie unterwegs noch zweimal gesehen. Und dann
auf der Heimfahrt im Zug haben wir uns ausgemacht,
wo wir uns noch einmal treffen – und d'raus ist die Ehe
geworden. Einer von den anderen beiden hat auch eine
geheiratet, nur die dritte ist leer ausgegangen. Sie leben
jetzt alle nicht mehr. Wandern war immer mein Sport.
Wir waren meist zu dritt oder zu viert und haben dabei
viel gesungen „Schwarzbraun ist die Haselnuß" und viele
andere Lieder – das gibt es heute wohl nicht mehr.

Ich hatte noch drei Schwestern. Mein Vater war auf
dem Bau beschäftigt, die Mutter hat im Haushalt geschafft. Das Geld war immer knapp bei uns. 1911 habe
ich eine Lehre im Kaufmännischen begonnen: Papier
und Schreibwaren. Wir haben Schönschreiben geübt,

Otto (hinten Mitte) mit seinen Geschwistern.

eine Zahl mußte wie die andere aussehen. Schreibma-
schinen und Rechenmaschinen gab es bei uns nicht, deshalb kann ich auch heute noch gut Kopfrechnen. Im
letzten halben Jahr der Lehre habe ich eine Vergütung
von zwanzig Mark in Gold bekommen, das war damals
viel Geld.

In den Ersten Weltkrieg mußte ich 1916, ich kam nach
Frankreich als „Telefonler" und Beobachter. Das war bei
Reims und Verdun, den Kriegsschluß erlebte ich bei Se-
dan. Die Verpflegung war kolossal schlecht, und wir ha-
ben gesagt: „Sollten wir jemals wieder in den Krieg müs-
sen, dann gehen wir zum Verpflegungsamt!" Im Zweiten
Weltkrieg war ich dann tatsächlich von Anfang an beim
Verpflegungsamt.

Politisch war ich immer neutral. Ich war kein „Adolf",
das mußte ich aber büßen. Die anderen, die mit mir im
Konsum arbeiteten, sind auf Antrag der Partei vom
Krieg freigestellt worden, nur ich wurde eingezogen. Ich
war fünfzehn Monate in russischer Gefangenschaft, und
als ich zurückkam, hieß es dann: „Ihre Stelle ist besetzt,
ruhen Sie sich erst einmal aus."

Wenn man 1922 eine Wohnung haben wollte, mußte
man verheiratet sein. 1923 haben wir geheiratet, und 1927
kam unser einziges Kind zur Welt, allerdings: eine Wohnung haben wir nicht gekriegt. Da haben wir das Haus
hier gebaut und sind im Oktober 1930 eingezogen. Dreißig Jahre hat es gedauert, bis es ganz bezahlt war, das war
eine schwere Zeit. Aber wir sind jedes Jahr in die Ferien
gereist. Bis Griechenland sind wir gekommen und haben
alles angeschaut und besichtigt. Meine Schwiegermutter
meinte mal: „Ihr seid richtige Verschwender!"

Gelebt habe ich wie jeder andere. Bis voriges Jahr habe ich täglich noch eine Zigarre geraucht. Bei Wein muß
ich mich schon sehr zurück halten. Erst hab ich täglich
ein Viertele getrunken, und jetzt trink ich nur noch ein
Achtele. Wir trinken immer unseren Degerlocher, der
hier in Stuttgart wächst.

Ein anderes Hobby war mein Garten. Bis vor zwei
Jahren habe ich noch alles gemacht, aber jetzt wird es
mir zu viel. Abends sehe ich fern, am liebsten Unterhal-
tungssendungen. Meine Tochter wohnt unten im Haus,
sie macht mir den ganzen Haushalt. Für den Staat bin
ich ein teurer Rentner!

Hochzeit im Jahre 1923.

Otto Schlag zu Hause in seinem Wohnzimmer.

Bevor man es richtig mitkriegt, ist man alt

Ich habe hier einen „jugendlichen" Freund, den Herrn
Thyssen. Wir treffen uns jeden Tag. Er ist ein Betriebs-
wirt. Mit sechzig Jahren hat er einen Schlaganfall erlit-
ten. Er war lange im Koma, jetzt sitzt er schon seit drei
Jahren im Rollstuhl. Das Sprechen muß er wieder lernen. Er meint, es sei ein Kompliment für ihn, wenn ich
ihn richtig verstehe. Ich mag ihn sehr gerne, er ist ein
interessanter Gesprächspartner. Man kann mit ihm über
alles reden: Das Neueste aus den Nachrichten, über
Autorennen, Tennis und Fußball. München und Berlin
kennt er auch.

Ich bin in Landsberg am Lech geboren. Wir waren
fünf Kinder, vier Mädels und ein Junge. Ich hatte eine
wunderbare Kindheit. Mein Vater war Notar. Leider ist
er schon 1900 im Alter von 57 Jahren gestorben. Mit der
Mama sind wir nach München gezogen. Mama und
meine Geschwister sind alle über neunzig geworden.
Nach der Schule war ich fünf Jahre im Mädchenpensio-
nat bei den Salesianerinnen in Beuersburg. Es durfte nur
französisch gesprochen werden! Italienisch habe ich auch
gelernt, aber Englisch mochte ich gar nicht. Einen Beruf
hatte ich nicht, das war ja damals nicht so üblich. Ich
war im Schwimmverein, und zu den Tanzfesten der Stu-
dentenverbindungen bin ich immer gern gegangen.

Gisela Metreweli mit ihrem georgischen Ehemann.

Meinen Mann lernte ich in München kennen, als ich
sechzehn war. Er hat dort nach dem Ersten Weltkrieg an
der Technischen Hochschule studiert. Die Semesterfe-
rien verbrachte er zu Hause in Georgien. Als er um meine Hand anhielt, sagte meine Mutter scherzend zu ihm:
„Wenn du mal eine gute Stellung hast, kannst du
wiederkommen." Wir heirateten 1920 und waren bei
Mama, bis die zwei Kinder größer waren. Einmal wollte
mein Mann gerne mit seinen Landsleuten in Berlin
Weihnachten feiern, und da sind wir hingefahren. Er hat
dort als Maschinenbauingenieur eine Stelle bekommen,
und wir sind in Berlin geblieben. Damals habe ich mich
für die neuesten Autos und Flugzeuge interessiert.

Bei den Nazis waren wir im Krieg „staatenlos", weil
mein Mann Georgier war. Jede Nacht kamen die englischen Bomber, und genau eine halbe Stunde vorher hat
uns unser Hund geweckt und war der erste im Luftschutzkeller. Unsere Wohnung wurde ganz zerstört. Es
war alles weg, unsere Möbel und teuren Bücher von meinem Mann. Nur ein Kistchen mit ein paar alten Fotos
hat mir die Nachbarin nachgeschickt.

Ich ging nach Feuchtwangen zu meinem Bruder.
Mein Mann bekam in München eine Stellung an der
Uni, weil er mehrere Sprachen konnte. Bei meinem Bru-
der habe ich im Haushalt und im Garten geholfen. Mein
Bruder war Rechtsanwalt, aber ich denke, die meiste Zeit
war er auf der Jagd. Er hat immer gesagt: „Wenn ein
Klient kommt, dann holt ihr mich im Wald." Er hat sich
ganz bestimmt nicht überanstrengt. Er war halt nicht
glücklich verheiratet, wie es im Leben oft so ist, aber eine
Scheidung hat es in unserer Familie nicht gegeben! Ich
bin dort täglich mit meinem Hund spazieren gegangen.
Als mein Sohn genug verdient hat, holte er mich nach
München zu sich. Wir hatten ein großes Haus gemietet,
aber meine Schwiegertochter hat so viel zu tun gehabt,
und da hat sie mich hier in diesem Heim angemeldet.

Das Leben ist überhaupt so dumm, man arbeitet und
arbeitet und sorgt für die Kinder, und bevor man es richtig mitkriegt, ist man alt, und es ist Schluß! Vor kurzem
habe ich mir meine Augen machen lassen. Ich sehe wieder gut. Herr Thyssen sagt immer, er möchte hinter das
Geheimnis kommen, wie ich so alt geworden bin und
noch gesund.

Gisela Metreweli
und Herr Thyssen.

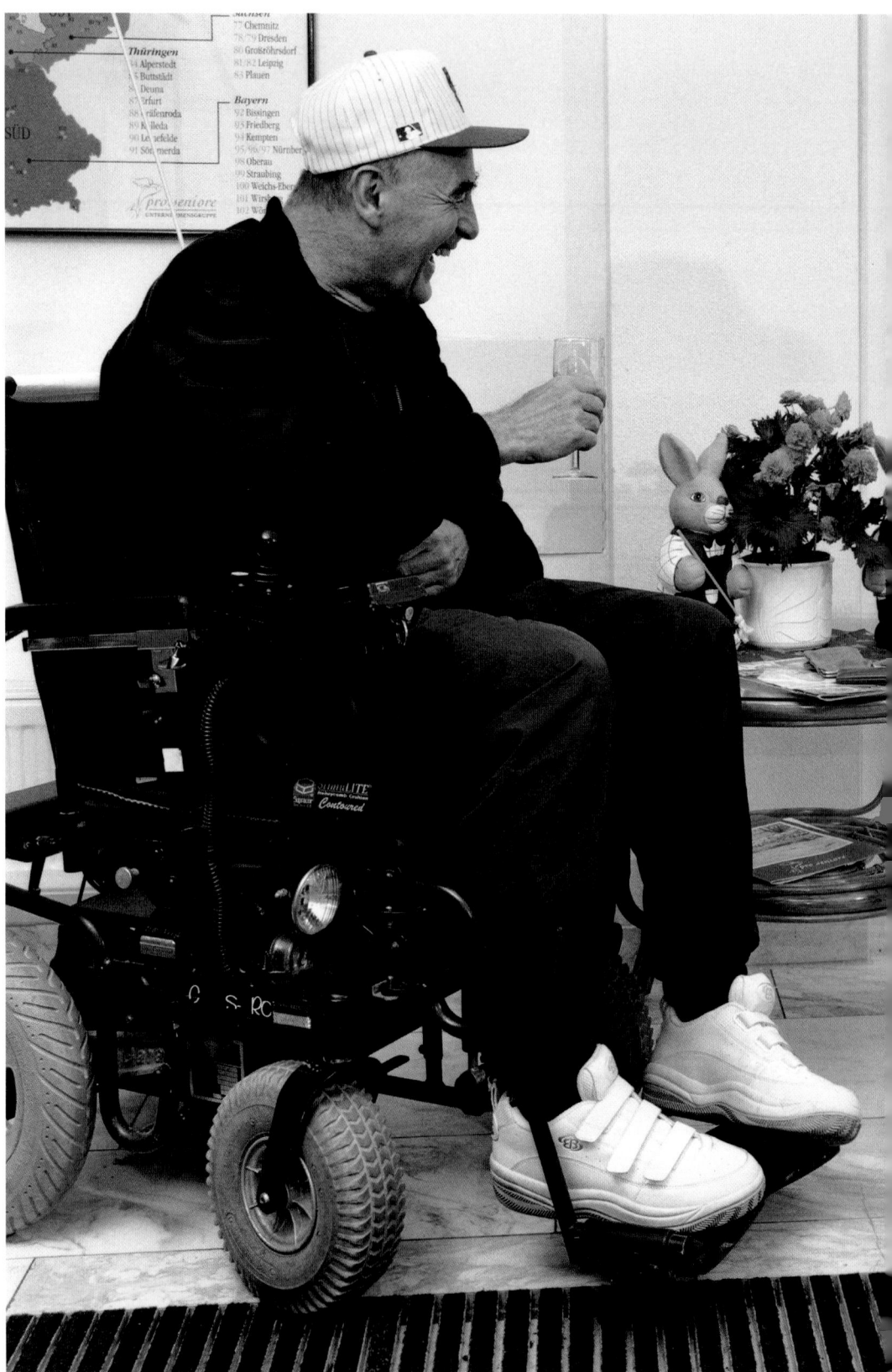

... und wenn ich erwach,
hab ich keine Nähmaschine

Mein Bruder war vier Jahre, als ich geboren wurde, und er hat sich den Namen Aloisie gewünscht. So hat er mich um meinen Namen gebracht, denn zur Welt gekommen bin ich an Mariä Geburt.

Unserere Sprachinsel bestand aus fünf deutschen Gemeinden in Mähren, etwa sechzig Kilometer von Olmütz. Bei uns in Runarz lebten nur fünf tschechische Familien, alle anderen waren deutsch. Wir haben uns gut vertragen.

Wir hatten eine zweiklassige Schule, das hieß, daß immer vier Klassen in einem Raum waren. An der Schule gab es nur zwei Lehrer, einen Deutschen und einen Tschechen, der gab auch deutschen Unterricht.

In der Nähe gab es eine Flachsdörrhütte aus Holz, die hat auf einer Anhöhe gestanden, und unterhalb waren Wiesen. Die Anhöhe war nicht bebaut, und das war unser Spielplatz. In der Hütte haben sie Bändchen mit der Hand gewebt, und da waren wir immer neugierig. Im Winter konnte man mit dem Schlitten drei bis vier Kilometer runter fahren.

Mein Wunsch war es schon als kleines Mädchen, Handarbeitslehrerin zu werden, aber gelernt habe ich Schneiderin. Dann bin ich auf einem Lehrerseminar für Handarbeiten und Haushaltung in Olmütz gewesen. 1916 habe ich meine Prüfung gemacht, aber danach mußte ich sechs Jahre auf eine Anstellung warten.

Aloisie Tilscher (hinten links) um 1920 in Runarz mit ihren Eltern, Bruder Karl und Schwägerin Agnes.

In dieser Zeit habe ich für die Leute genäht. Meine erste Nähmaschine war eine „Kaiser". 1922 kam ich an die Schule in Schmeil, das liegt zwölf Kilometer von Olmütz. Dreiundzwanzig Jahre war ich dort. Ich hatte dann in drei Schulen Unterricht zu geben, und mußte täglich bis zu zwölf Kilometer laufen. Im Winter war es manchmal hart. Ich hatte wunderschöne Jahre in diesem Dorf, die Jugend hat sehr an mir gehangen. In Brünn habe ich später noch einen Erweiterungskurs für meine Arbeit gemacht. Mein Schulleiter dort hat schon ein Motorrad mit Beiwagen gehabt, das war eine Sensation!

1938 gab es die ersten Zwistigkeiten zwischen den Deutschen und den Tschechen. Die Deutschen haben keine Anstellung im Staatsdienst mehr gekriegt, und man hat sie gedrückt, wo man konnte. Wir wußten, daß es die Henlein-Partei gab, aber von der Machtübernahme habe ich dort erst nichts bemerkt.

In Stadtliebau habe ich das Ende des Krieges erlebt, als die Russen kamen. Da hat eine ganze Nacht die ganze Straße gebrannt. Ich habe in einem Haus gewohnt, wo ein Kind geschrien hat, und da haben sie uns in Ruhe gelassen. Für uns war der Krieg zu Ende.

1945 war die Aussiedlung. Eigentlich kann man nicht Aussiedlung sagen, sondern Vertreibung. Dreißig Mann im Viehwaggon, und fünfzig Kilo Gepäck. Jeder hat die Federbetten genommen, und da war nicht viel übrig. Im Mai habe ich mein letztes Gehalt gekriegt, und dann drei Jahre lang keine Mark und keinen Pfennig. Ich habe wieder Konfektion genäht, damit ich meine Eltern erhalten konnte. 1970 war ich zum ersten Mal wieder in meiner Heimat, und mit achtundneunzig Jahren das letzte Mal.

Nach der Aussiedlung bin ich an eine Schule im Fichtelgebirge gekommen. Der Geistliche beschwerte sich beim Schulleiter: „Wie kann eine katholische Lehrerin hier unterrichten?" Wissen Sie, was der Schulleiter geantwortet hat? „Wird katholisch gestrickt oder gehäkelt?"

Meine beiden alten Eltern habe ich mit mir genommen. Ich mußte wieder in verschiedene Orte mit dem Fahrrad fahren, von Schule zu Schule. Mein Rheuma hat kein Arzt erkannt, jeder stellte eine andere Diagnose. Keiner wollte mir eine Kur geben oder mich krank schreiben, aber mein Radfahren hat mir geholfen. Nach dreizehn Jahren war das Rheuma fast weg. Die Gegend war schön, aber zu rauh.

1958 bin ich pensioniert worden, und da bin ich ins Nürnberger Land gegangen. Weil meine Cousine in Nürnberg war, bin ich dann auch nach Nürnberg gezogen, und habe dreiunddreißig Jahre in der Benecke-straße gewohnt. Wir hatten zusammen einen Garten. Wir Frauen haben hier einen Altenclub gegründet, und sind sogar miteinander gereist. Wir waren in der Slowa-kei, zur Tulpenblüte in Holland und am Bodensee.

Ich habe, seit ich aus dem Sudetenland raus bin, Tage-buch geführt. Alles habe ich aufgeschrieben: Die ersten Astronauten, den Kennedy-Mord, eine neue Verfassung, alles!

Mit 103 Jahren hatte ich einen Schlaganfall, und seit dem bin ich hier. Ein Heim ist nicht zu Hause, aber es gefällt mir trotzdem. In die Kirche geh ich immer noch.

Ich habe immer geschneidert. Das Kleid hier hab ich mir zu meinem 100. Geburtstag noch selbst genäht. Ich schneidere sogar jetzt noch im Traum. Letzte Nacht hab ich Stoff zugeschnitten, und als ich erwacht bin, hab ich keine Nähmaschine.

Aloisie Tilscher und ihre Cousine Edeltraud treffen die 101jährige Elisabeth Rothkegel mit ihrem Krankengymnasten.

„Bwana-Kiletti" – eine Legende

Mein Vaterhaus ist das große Verlagshaus Klett, das jetzt ein Neffe führt.

Ich bin hier in Stuttgart in die Schule bzw. in das Gymnasium gegangen und habe später dann in Tübingen, Königsberg und Danzig studiert. In Königsberg habe ich in einem botanischen Fach promoviert. Die gärtnerischen Fähigkeiten sind mir wohl von meinem Vater vererbt worden. Jeden Sonntagmorgen nahm er sich die Zeit, seiner Lieblingsbeschäftigung nachzugehen, und ich durfte dabei sein. Als Kind wollte ich immer Gärtner werden, aber das durfte ich nicht, das war unter der Würde. Es hieß bei uns damals: Gärtner wird man nicht!

Aber dann habe ich eine buchhändlerische Lehre gemacht, um in den Verlag meines Vaters eintreten zu können. Doch nach ein paar Jahren merkte ich, daß es mir nicht lag, weil ich durch Bücher und Erzählungen zu sehr mit Afrika verbunden war. Da habe ich meinen Vater gebeten, mich nach Afrika zu entlassen. Das hat er getan, indem er mir etliche Moneten mitgegeben hat. Ich hatte noch zwei Brüder, mein älterer Bruder übernahm die Druckerei und der jüngere den Verlag. So kam ich dann 1931 nach Ostafrika, und das hat mein weiteres Leben bestimmt. Damals gab es noch keine Passagierflugzeuge. Mit dem Zug ging es nach Genua, in Genua ging es dann auf's Schiff. Man mußte durch das Mittelmeer, dann eine Woche lang über das Rote Meer und

Wolfgang Klett und seine kleine Schwester im Fotoatelier.

weiter bis Daressalam. Ich habe mich am Kilimandscharo niedergelassen und eine Kaffeepflanzung aufgebaut. Ich war damals fünf Jahre verheiratet und hatte vier Kinder. Zwei Kinder wurden dann noch in Afrika geboren. Ein Sohn starb leider schon mit 13 Jahren. Es war sehr angenehm, unter der englischen Herrschaft zu leben. Sie haben sich nicht um uns gekümmert, und waren dabei, das Kolonialvolk selbstständig zu machen. Die Einheimischen waren begierig, mit den Europäern Verbindung zu haben. Wir wurden gut von ihnen aufgenommen. Als ich 1983 mit meinem Sohn noch einmal hingeflogen bin, wurde ich von ihnen mit einer ungeheuren Wärme und Begeisterung aufgenommen. Viele konnten sich noch erinnern, und ein großer Teil kannte mich aus Erzählungen. „Bwana Kiletti" war eine Legende dort, so hatte man mich seinerzeit genannt. Kisuaheli war die Volkssprache in Ostafrika. Ich habe die Sprache auch erlernt, aber das war kein Problem. Meine Frau war eine Kunstgewerblerin. Sie hat auch gemalt und auf dem Klavier gespielt, besonders gern Beethoven. Wir haben direkt am Kilimandscharo ein Haus gebaut. Die Kaffeeplantage hatte achtzig Hektar, mit einem Flußbett, das oben angezapft wurde, und das hat die ganze Plantage bewässert. Die Einheimischen haben mit bei uns gearbeitet. Der Mwulebaum ist ein ganz kostbares Hartholz. Die Einheimischen dort sagten: Wer einen Mwulebaum pflanzt, der stirbt bald! Sie meinten aber auch, wenn ich ihn pflanzen würde, wäre das etwas ganz anderes. Die Einheimischen meinten, der Baum hätte keine Samen. Nach langem Suchen und Fragen bekam ich den Samen. Die Pflanzen habe ich dann mit eigener Hand großgezogen, pikiert und dann ausgepflanzt. Sie stehen noch heute dort, weil sich die Eingeborenen wegen ihres Aberglaubens nicht herantrauen.

Mit den ältesten Kindern sind wir auch in die Serengeti-Steppe gefahren. Auf der Fahrt über einen Feldweg trafen wir auf eine Löwin mit fünf Jungen. Das war ein Rieseneindruck! Das Auto hatte keine Glasscheiben, nur Vorhänge. Unser Begleiter, ein Jäger, hatte das Gewehr geladen, denn mit ein paar Sprüngen wäre die Löwin im Wagen gewesen. Nach einer Weile merkte er an kleinen Zeichen, daß es Zeit war weiterzufahren. Wir haben auch auf einem sogenannten Löwenhügel übernachtet. Nach Afrika hatte ich eine LEICA mitgenommen, es gibt

noch einige Bilder aus der Zeit. Mit einem Freund und einem Führer bin ich einmal am Kilimandscharo aufgestiegen, bis uns weiter oben der Regen überraschte.

1933 hat sich sofort ein Ableger der Auslandspartei der Nazis gebildet, aber der Klett ging nicht hinein. Es gab keinen Grund, gegen mich etwas zu machen, aber daß ich nicht dauernd den Arm hochreckte, war unmöglich für sie. Man bekam diese illustrierten Blätter aus Deutschland, da wußte man, wie alles aussieht, was an den Uniformen war.

Die Früchte des Aufbaus habe ich aber nicht mehr erlebt, denn ich wurde gleich bei Kriegsausbruch von den Engländern eingesteckt, wenn sie mich auch gut behandelt haben, denn viele von ihnen waren meine Nachbarn. Ich kam in ein Gefangenenlager, wo wir eintau-

send Mann waren. Unsere Familien wurden auf den Pflanzungen verteilt. Offiziere und Spezialisten hat der Engländer draußen behalten, aber uns andere hat er dann samt Frauen und Kinder nach Hause geschickt. Sie sagten, die Zeit sei vorbei, wo wir Weißen die Herren seien, und meinten, daß wir dem Volk dort unten nur noch als Helfer mit Rat und Tat zur Seite stehen dürften. Damit hatten sie auch recht. 1940 bin ich aus eigenem Entschluß nach Deutschland zurückgegangen. Nun mußte ich wieder neu anfangen. Mir wurde eine Stelle beim Pflanzenschutzamt in Stuttgart angeboten. Da war ich recht lang und leitete es, als die Leute dann in den Krieg eingezogen wurden. Ich wurde Leiter der Landesanstalt für Pflanzenschutz von Baden-Württemberg. Das war auch im Krieg eine Tätigkeit von großer Bedeutung, da auch die Lebensmittel überwacht werden mußten. Deshalb wurde ich nicht eingezogen. Als die Amerikaner kamen, stellte sich heraus, daß wir nur zwei im Ministerium waren, die nicht in der Partei gewesen sind. Nach dem Zweiten Weltkrieg war die chemische Industrie stark im Kommen, und sie brachten täglich neue Mittel auf den Markt, die verkauft werden sollten. Es war eine meiner Aufgaben, daß alles seine Grenzen hatte. Aber wer kann schon gegen die riesige chemische Industrie der Welt angehen. Ich habe dann Forschung betrieben, indem ich Nützlinge gezüchtet habe, also natürlicher Pflanzenschutz. Man bekämpft die Schädlinge mit den eigenen Feinden. Ich habe von Amerika Nützlinge eingeführt, sie hier vermehrt, integriert und sie dann ausgesetzt, z. B. die *Prospatella*. Das ist eine winzig kleine Fliege, die beispielsweise die Schildlaus hier in Deutschland

Das Haus am Kilimandscharo.

Wolfgang Klett mit seinen Kindern.

Tochter Regine zu Besuch bei ihrem Vater.

in Schach gehalten hat. Wenn man sich vorstellt, biologische Bekämpfung ist eine ganz einfache Sache, aber ein ganz schwieriges Thema. Ich habe damals damit angefangen.

1965 wurde ich dann pensioniert und ging noch für drei Jahre nach Persien zur Entwicklungshilfe. Dort hatte ich eine Beratertätigkeit, vor allem beim Pflanzenschutz.

Danach habe ich noch bis 1994 voller Begeisterung in meinem großen Garten gearbeitet.

In meinem Altensitz in Oberaichen habe ich drei selbstgezogene Mammutbäume gepflanzt und sie sehr begleitet in ihrem Heranwachsen.

Ich liebe Goethe! Mit Goethe bin ich aufgewachsen, weil ich ihn mir selbst erwählt habe. Meine Eltern waren viel zu beschäftigt mit anderen Dingen, als daß sie sich um diese Sachen hätten kümmern können. Jetzt lese ich nur noch Goethe. Diese Goethe-Gespräche sind sehr zu

empfehlen, wir lesen sie jetzt zum dritten Male. Sie beschreiben Goethe im Alltag, also wie er sich widerspiegelt in den Menschen, die ihn getroffen haben. Goethe ist ein „Rundummensch", so daß man ihn insgesamt schätzen muß.

Meine drei Töchter und zwei Söhne besuchen mich abwechselnd jeden Tag. So habe ich auch immer frische Blumen aus meinem Garten. Sie lesen mir vor, weil ich jetzt schlechter sehe.

In meinem Alter muß man sich klar sein über seine Situation. Man weiß, daß man nicht mehr laufen kann, daß man darauf angewiesen ist, daß einen Freunde, Bekannte und Verwandte besuchen. Man ist etwas reduziert in allem, aber wenn man das akzeptiert, dann kann man ganz zufrieden sein. Das ist halt so.

An's Sterben denke ich gar nicht

Na, sagte meine Mutter, was hast du dir denn da für'n ollen Kerl aufgegabelt? Da hab ich mir überhaupt nichts bei gedacht. Der war nett und anständig, das war die Hauptsache, ja? Fünf, sechs Jahre älter als ich war er. An der Alten Elbe war eine kleine Badeanstalt, dort habe ich ihn kennengelernt. Er war spendabel damals! Ich habe eine glückliche Ehe gehabt. Wie mein Mann nachher in die Loge von den Freimaurern ging, gab es oft Vergnügungen. Die Loge liegt im Park, vom Schlachthof gegenüber. Das waren alles Geschäftsleute, die hatten Geld wie Heu. Mein Mann war Vertreter. Wir sind auch viel an die Ostsee gefahren. Zwei Kinder hatten wir, Joachim war der Ältere, er wurde in Rußland schwer verwundet und ist daran gestorben. Der Ulrich wohnt in meiner früheren Wohnung, er kommt alle Woche dienstags hierher. Er war Artist, als Jongleur hat er ganz schön Geld verdient.

In Magdeburg bin ich geboren. Die schönsten Jahre waren die Kinderjahre. Mein Vater war Beamter. Er ist viel versetzt worden, da kam man herum. Als Kinder sind wir gern auf Stelzen gelaufen, kennen Sie das? Ich habe Stenographie und Schreibmaschine gelernt und später als Verkäuferin gearbeitet.

Fünf Jahre bin ich jetzt hier im Heim. Zu Hause habe ich abends Fernsehen geguckt, hier gehe ich um sieben ins Bett, denken Sie mal! Wo andere anfangen zu gucken! Ich habe den Fernseher abgegeben, Radio brauche ich auch nicht. Hab kein Interesse mehr dran. Allein ist es langweilig, glauben Sie das? Wir essen alle zusammen im Saal. Am Eingang trifft man andere aus dem Heim. Mir gefällt es hier. Na ja, daß ich mal so lange bleiben würde, hätte ich auch nicht gedacht! Ich habe noch nie Tabletten genommen und habe nie Schmerzen, gar nichts! Da kann man sich doch freuen, nicht? Vor allen Dingen bin ich geistig noch klar! Das macht viel aus, ja? Sterben müssen wir ja alle. Da kommt keiner drum rum. Aber ans Sterben denke ich gar nicht. Ich sage immer: Wenn die Zeit kommt, dann mußte!

Elsa Theune im Jahre 1942 mit ihrem Mann und den Söhnen Ulrich (links) und Joachim.

Elsa Theune und Mitbewohner im Foyer des Heimes Olvenstedt.

Mit den Kindern in der Goldgrube

Neun Kinder hab ich geboren, drei Töchter leben noch. Ich hab jetzt neunzehn Ur-Urenkel. Ich selbst kenne keine Mama. Mein Vater hat sich eine Mama gesucht mit fünf Kindern, da war ich nicht nötig. Mit zwei Jahren kam ich zur Großmutter, zur Tante und zu anderen Leuten. Als Kind mußte ich immer arbeiten. Wie ich in die Schule kam, hieß ich Paulinchen Patzel.

Unser Dorf Konstantinowka war drei Kilometer von Pjatigorsk im Kaukasus. Wie ich klein war, haben wir alles auf deutsch gesprochen. Einmal stand ein russisches Kind an der Tür und hat gebettelt um Brot, aber ich habe nichts verstanden. In die Kirche sind wir alle Sonntage gegangen. In der Bibel lese ich heut noch jeden Tag. Bei der Kommunion war mein Spruch:

Jesu geh voran
Auf der Lebensbahn,
Und wir wollen nicht verweilen
Dir getreulich nachzueilen.
Führ uns an der Hand
Bis ins Vaterland.

Bei uns hat man nur Deutsche geheiratet. Ich hatte noch zwei Schwestern, und wir haben drei Brüder aus dem Dorf geheiratet. Meine Hochzeit war im vierzehnten Jahr. Die Brüder waren reich, mein Mann hatte ein großes Haus, mit Stein gebaut, und eine große Wirtschaft. Neun Kühe mußte ich melken.

Mein Mann war auch ein guter Musiker, alles konnte er spielen. Am Abend hat er im Theater in der Stadt gespielt, und am Tag hat er Unterricht gegeben. Die Noten schrieb er selbst. Im vierundsiebzigsten Jahr ist er gestorben, seine Luft hat er all fortgeblasen.

Im Krieg sind mal die Roten und mal die Weißen gekommen und haben uns das Geld abgenommen. Sie haben Hurra geschrien und die Fenster kaputtgeschossen.

Im dreiunddreißigsten Jahr haben sie meinen Mann arrestiert. Zu Fuß bin ich mit den Kindern in die Stadt Pjatigorsk gelaufen und weiter nach Kislowodsk, dann nach Mineralnaja Voda und von da nach Armavir. Aus unserem Haus haben sie alles weggeholt. Wir waren die Reichen, die Kulaken. Mein Mann war in Sibirien zur Zwangsarbeit, aber er konnte nach Kusnezk zu einer Verwandten fliehen. Dort hat er einen anderen Namen genommen und hat gearbeitet. Mit den Kindern bin ich hingefahren, vom Kaukasus nach Kusnezk, weil mein Mann sich verstecken mußte. Und dann sind wir immer hin und her.

Wie er zurückkam, haben sie ihn wieder eingesperrt. Alle Morgen hab ich ihm Essen hingebracht. Sie haben gesagt, daß er freikommt, wenn ich Geld gebe. Ich hab viel bezahlt, aber er war schon nicht mehr da. Im fünfunddreißigsten Jahr kam er zurück von der Zwangsarbeit.

Die Familien, die keine Kommunisten waren, haben sie in die Baumwolle geschickt. Vierzehn Tage durften wir unsere Kinder nicht sehen. Und wenn wir abends die Baumwolle auf die Waage gelegt haben, und es hat ein Kilo gefehlt, haben sie uns die Laterne angesteckt, und wir mußten nachts auf's Feld gehen. Einen Traktor gab es nicht, wir haben an die Egge einen Stein gebunden, daß sie in die Erde drückt und den Boden aufreißt. Die Egge mußten die Frauen über das Feld ziehen wie die Pferde.

Im einundvierzigsten Jahr kam der Krieg. Stalin hat uns alle fortgeschickt. Zwei Monate sind wir gefahren, erst im Kohlenzug nach Rostow, aber da war schon der Deutsche. An der Wolga haben sie uns auf's Schiff aufgeladen und sind zum Kaspischen Meer gefahren. Auf einmal haben sie geschrien: „Nehmt euch Wasser, gleich ist alles salzig!" Wer ein Gefäß hatte, hat's Wasser reingenommen, wer keins hatte, mußte salziges trinken. Über einen halben Monat waren wir auf dem Meer. Schrecklich viele Leute sind gestorben, auf dem Schiff und auf dem Zug! Die Toten haben die Matrosen ins Meer geschmissen. Nach Kasachstan sind wir gekommen im einundvierzigsten Jahr, im Dezember.

Wir Deutsche haben zusammengehalten, ob es lustig oder traurig war. Wir haben gewußt, daß es Deutschland gibt und daß wir von dort stammen. Die alten Leut haben gesagt: „Deutschland, Deutschland über alles, über alles in der Welt."

Mein Mann war nur noch einen Monat bei uns, dann haben sie ihn weggenommen in die Trud-Armee in

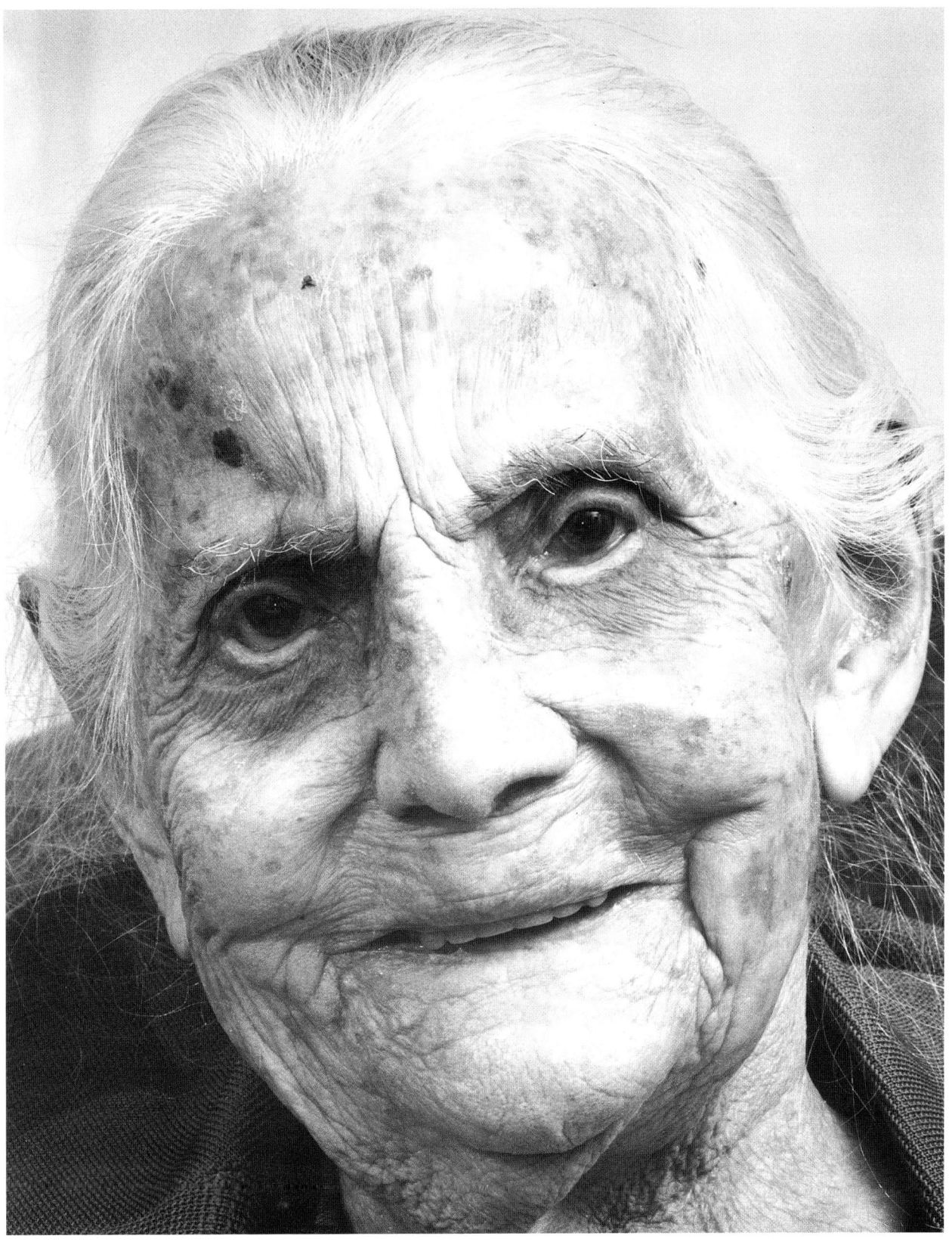

Zwangsarbeit. In der Goldgrube mußten wir Frauen große Steine in die Wagen schmeißen und zur Mühle
fahren. Meine drei Kinder hab ich mitgeschleppt in die
Grube. Sie mußten auch mit Steine sammeln, sonst haben sie uns kein Brot gegeben. Zweihundert Gramm hat
jeder am Tag bekommen, der Hunger hat uns aus den
Augen geschaut. Wir haben Lumpen um die Füße ge-
wickelt. In der Grube war es heiß oder naß, die Füß haben wir uns zerschunden.

Dann haben sie mich in die Fabrik gelassen, wo das
Gold gewaschen wird. Neben jeder von den Frauen hat
ein Polizist gestanden und aufgepaßt.

In sechsundvierzig ist mein Mann aus der Zwangsarbeit zurückgekommen, da war er schon nicht gesund. Im
nächsten Jahr haben sie uns an einen anderen Ort geschickt, an das Tienschan-Gebirge. Auf der anderen Seite
war China. Bis sechsundfünfzig war es schlimm. Wir
durften das Dorf ohne Erlaubnis nicht verlassen. Eine
Kirche gab es nicht. Die Leute haben sich heimlich in ihren Häusern getroffen, und einer hat gesprochen. Dann
ist die Miliz gekommen und hat sie auseinandergetrie-
ben und in's Gefängnis gesteckt. Deutsch war verboten,
draußen mußten wir Russisch oder Kasachisch sprechen,
sonst hätten sie gleich geschmissen mit Steinen.

Im siebzigsten Jahr mußten wir wieder an einen anderen Ort, nicht weit von Alma-Ata. Im Krankenhaus in
der Wäscherei hab ich gearbeitet. Ich stand barfuß im
Nassen, davon hab ich ein schlimmes Bein gekriegt.
Wenn meine Füß gut wären, tät ich herumspringen!

Langsam ist das Leben besser geworden für die Deutschen. Wir durften wieder Deutsch sprechen und die
letzten Jahre, bei Gorbatschow, haben sie uns erlaubt, eine Kirche zu bauen. Aber da war es schon zu spät, die
Jungen hatten Deutsch nicht gelernt, eine Kirche haben
sie nicht gekannt.

Im dreiundneunzigsten Jahr sind wir hierher gekommen, da konnte ich schon nichts mehr sehen. In Kasachstan hatten wir kein Geld für eine Operation. „Mein
Gott, wie grün ist das alles!" hab ich mich gewundert,
wie ich wieder sehen konnte nach der Operation.

Paulina Minz lebt bei ihrer jüngsten Tochter Vera. Zu Besuch
sind die Töchter Maria (links) und Olga (rechts).

Über den Alexanderplatz raus aus der Stadt

Ich bin ich auf dem Dorf aufgewachsen, meine Eltern hatten Landwirtschaft im Kreis Halberstadt. Als ich dreizehn war, zogen wir nach Polen, die Eltern haben bei Posen mit einem größeren Hof angefangen.

Drei Geschwister waren da, meine Schwester Sophie, der alte Fritze und Wilhelm, der ist früh gestorben, den kenn ich gar nicht. Unsere Mutter ist auch früh gestorben. Sie hatte eine schreckliche Krankheit.

Als ich aus der Schule gekommen bin, war ich im Landrat als Schreiber. In der Freizeit hab ich fotografiert und selbst die Bilder gemacht. Das war damals nicht so einfach in der Dunkelkammer, das dauerte seine Zeit.

Und dann ging ja bald der Krieg los. Zuerst habe ich mich bei den Pferden gemeldet. Das war meine größte Dummheit! Das bei den Pferden war ein schwerer Posten. Sehr früh aufstehen, und ich hatte überhaupt keine Freizeit. Mit der Zeit hab ich mich da weggeschwindelt. Dann war ich gewöhnlicher Kanonier. Aber das ist zu lange her … Hier, ein schwerer Schuß. Sah schlimmer aus, als er war. Weil er nicht so tief gegangen ist. Sonst hätte ich es nicht geschafft.

Else und Hermann 1924 beim Hochzeitsfotografen.

Hermann als 25jähriger in Witkowo.

Als der Krieg aus war? Da bin ich zu Hause geblieben. Ich hab genug Arbeit gehabt in Witkowo. Wir hatten einen Hof und zwei Pferde. Geritten bin ich hin und wieder mal.

Wir mußten dann dreiundzwanzig raus aus Polen. Ich hab meinen Anteil gekriegt vom Hof. Davon konnte ich in Zepernick das Grundstück kaufen, das war nicht weit von Berlin.

Bei einer Freundschaft hab ich meine Frau kennengelernt. Das war vierundzwanzig. Wir haben zwei Kinder. Ich hab dann Gemüse verkauft in der Marheineke-Halle, in Kreuzberg. Da mußte man ganz früh aufstehen, um vier auf jeden Fall. Zuerst zum Großmarkt einkaufen und dann in die Halle. Am Wochenende bin ich mit meinem Pferd und dem Wagen nach Zepernick gefahren, über den Alexanderplatz raus aus der Stadt. Blumen und Gemüse hab ich auf meinem Grundstück geholt. Später hatte ich dann ein Dreirad, „Tempo" hieß das. Das erste Auto in der Straße!

Wir hatten eine Freundschaft, die hatten ein Schreibwarengeschäft. Hannes war ein Jude. Sie haben sich beide das Leben genommen.

Im zweiten Krieg kam ich zum Volkssturm. Aber wegen dem Geschäft konnte ich bald wieder nach Hause, meine Frau hat das alleine nicht geschafft.

Ich glaube, bei uns in Kreuzberg war das nicht so schlimm mit den Russen. Stalin war sehr streng mit seinen Soldaten. Wenn uns die russischen Soldaten was getan hätten, und Stalin hätte das erfahren, hätten sie die sofort erschossen!

Dann hab ich in Neukölln ein Haus gekauft. Das war schon alt und nicht viel wert. Meine Tochter Inge und ihr Harry haben alles neu gebaut. Jetzt ist es hier schön.

Gereist bin ich nicht, aber meine Frau ist mit den Kindern gefahren. Ja, in Berlin haben wir uns alles angeguckt, und im Zoo waren wir mit den Kindern.

Kennen sie den „Blauen Affen" am Hermannplatz? Im Winter, wenn wenig zu tun war, hab ich da gefrühstückt: 'Ne Molle und 'n Korn. Und dann bin ich wieder nach Hause. Aber nur am Sonntag.

Als meine Frau gestorben ist, hab ich dann allein gewohnt mit dem Hund. Karo hieß der Hund, daran kann ich mich noch erinnern. Morgens die Zigarre und die Zeitung, das war schön! Mit Radfahren hab ich aufgehört, da war ich zweiundneunzig. Die Inge weiß das alles. Aber im Garten hab ich bis hundertzwei gearbeitet.

Mit den Augen ist das jetzt nicht mehr so … Laufen kann ich noch.

Sie sorgen hier für mich. Kalt? Nee, mir ist nicht kalt.

In den 50er Jahren hatte Hermann Veckenstedt eine Obst- und Gemüsehandlung in Kreuzberg.

Hermann Veckenstedt lebt bei seiner Tochter Inge und Schwiegersohn Harry in Neukölln.

Fototermin um 1905. Charlotte rechts im weißen Kleid.

CHARLOTTE METZLER, WUPPERTAL, *1897

Ich war nie ein Kind von Traurigkeit

Fernsehen gucke ich jeden Abend vom Bett aus: Spiegel-TV, Talk-Shows und politische Sendungen. Aber nicht Musikanten-Stadl und solche Sachen, das ist mir zu albern.

Als mein Mann 1984 starb, bin ich noch vier Jahre in unserem Haus geblieben. Unten war ein Fernsehgeschäft. Nach dem dritten Einbruch bekam ich doch Angst, da bin ich ins Heim gegangen. Elf Jahre wohne ich jetzt hier. Den großen Schrank haben wir uns zur Goldenen Hochzeit gekauft. Ich war nie ein Kind von Traurigkeit. Wir haben ein Percussionsorchester, da war ich vom ersten Tag an drin. Hier habe ich zwei Freundinnen, wir waren zusammen über fünfzig Jahre im Kirchenchor. Ich sage euch: Meckert doch nicht nur, tut euch zusammen – die Masse macht es doch!

Ich bin hier im Ort aufgewachsen. Meine Mutter war staatlich geprüfte Handarbeitslehrerin und hat dann eine Buchhandlung übernommen. 1912 bin ich als Schriftsetzerin in die Druckerei von meinem Vater gegangen. Wir haben die „Kronenberger Zeitung" gedruckt. Wegen der Druckerei hatten wir ein Telefon, da kamen die Leute manchmal zum Telefonieren. Damals war man anspruchsloser und weniger unzufrieden. In meiner Kindheit konnte man auf der Straße noch Ballspielen oder

Seilhüpfen. Nur ab und zu kam mal ein Fuhrwerk vorbei, das war der ganze Betrieb. Die Backfischzeit – das war der Erste Weltkrieg.

Ende März 1920, beim Kapp-Putsch, sind meine Freundin und ich in einen Kugelhagel gekommen, aber uns ist nichts passiert.

Mit dem Chor sind wir nach dem Krieg in Holland gewesen. Im Park von Doorn haben den Kaiser Wilhelm gesehen, da war er beim Holzhacken. Er war ja aus Deutschland geflüchtet.

1929 habe ich geheiratet. Unsere Ehe ging einundsechzig Jahre. Unsere Tochter ist heute fünfundsiebzig. Wir hatten die Druckerei und waren selbständig. Leider konnten wir nie zusammen Urlaub machen. Dreizehn Boten vom „Generalanzeiger" standen mittags da und wollten versorgt werden. Wir haben so manchen Samstag und Sonntag durchgearbeitet. Mein Mann war sechs Jahre im Krieg, aber er hat Glück gehabt. 1948 haben wir in einem Zimmer gelebt, das war Küche, Wohnzimmer und Schlafzimmer zugleich. Die Brandbomben hatten das Haus zerstört.

1972 haben wir die Druckerei verkauft, dann konnten wir endlich zusammen reisen. Ich habe noch kein Flugzeug von innen gesehen, uns genügte der Tegernsee

Charlotte 1911 im Konfirmationskleid.

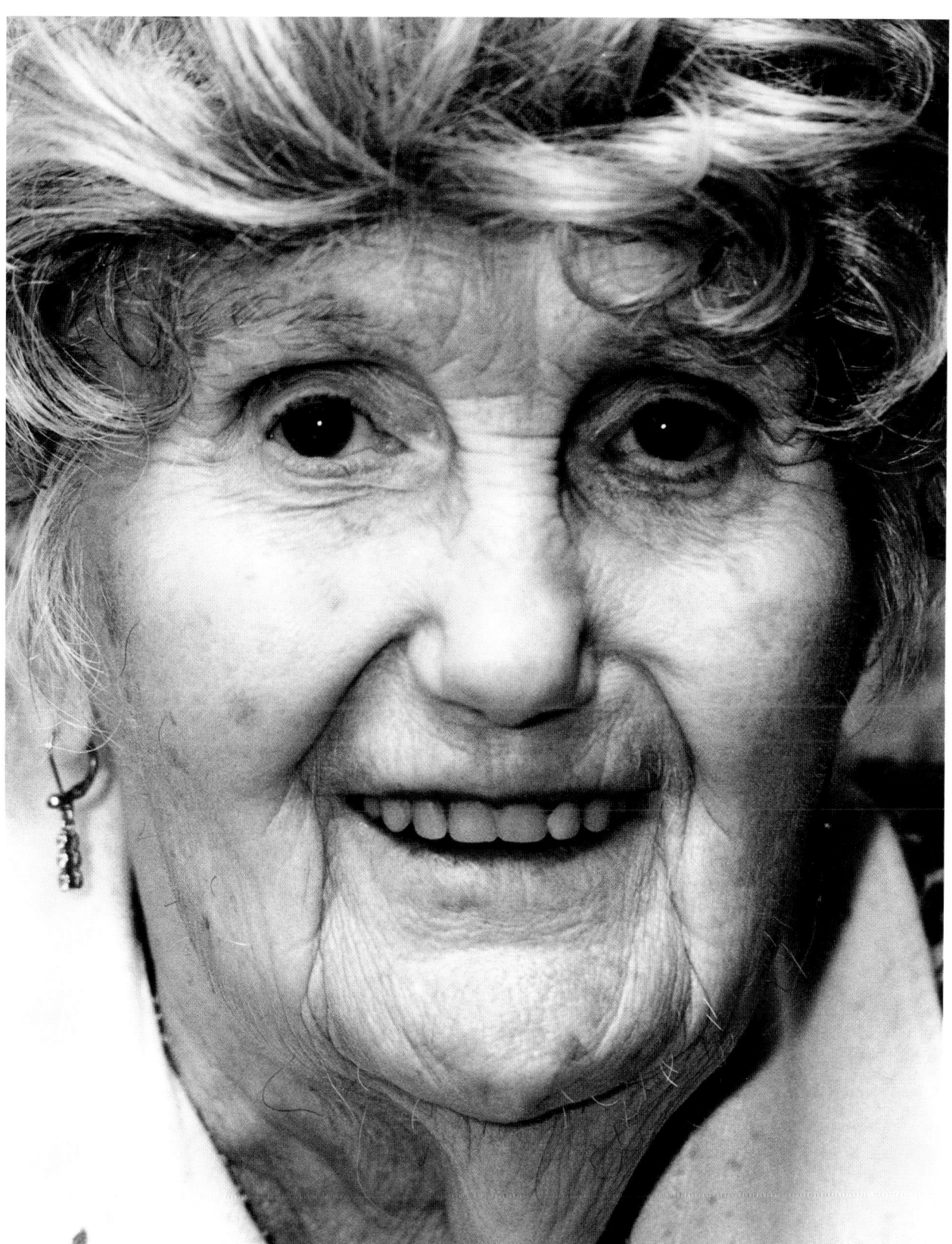

oder der Gardasee. All die gut situierten Bäder haben wir besucht – ich habe nichts vermißt in meinem Leben.

Seit zwanzig Jahren bin ich Vegetarierin. Ich bekomme jetzt Herztabletten, das ist aber Weißdorn, Baldrian und Hopfen. Die Ärzte schimpfen, weil ich keine Tabletten nehmen will. Mein Vater war Homöopath, da habe ich ein bißchen von geerbt.

Hochzeit 1929 in Cronenberg.

Charlotte Metzler im Altenheim Cronenberg.

Mit dem RWE verbunden

Meine Eltern hatten ein Polster- und Sattlergeschäft in Altenessen. Ich war das jüngste von acht Kindern. Ich mußte oft mit Vater ins Bergwerk unter Tage, um beim Flicken des Zaumzeugs der Bergwerkspferde, die die Loren zogen, zu helfen. Not herrschte bei uns nicht, wir hatten verschiedenes Viehzeug, und im Frühjahr und Herbst wurde ein Schwein geschlachtet. Ich war wohl sieben oder acht Jahre, als wir das elektrische Licht ins Haus bekamen.

Nach der Schulzeit begann ich sofort eine Lehre in dem Unternehmen „Hansmann & Lewe. Elektrische Anlagen“. Man lernte das Elektrofach von Grund auf: Strippenziehen, Anlasserbau und dergleichen. Nach der dreijährigen Lehrzeit verblieb ich noch bei der Lehrfirma, um dann einen Wechsel vorzunehmen. Ich kam zum RWE, Rheinisch-Westfälische Elektrizitätsbetriebe. Jede freie Minute hab ich benutzt, um das Zählerfach

von Grund auf mitzuerleben. In meiner Freizeit hatte ich mich mit dem Eichen von Elektrizitätszählern befaßt und solche Kurse bei einem Essener Unternehmen besucht. In Essen wurde ich als Zählerrevisor weiter ausgebildet.

Dann kam der lausige Krieg! Ich hatte mich freiwillig zu den Jägern gemeldet. Durch einen rechten Oberarmschuß bekam ich eine Radiallähmung. Die Versuche, den Arm wieder in Ordnung zu bringen, waren vergeblich. Ich erhielt lumpige zwölf Mark Invalidenrente im Monat und wurde aus der Armee entlassen. Schon vom Lazarett aus besuchte ich die Königlich-Preußische Maschinenbauschule, aber nach einem Semester wurde diese geschlossen.

In Altenessen gab es derzeit das Unternehmen „Rudolph Wilhelm. Kokerei und Bergwerksmaschinen“. Diese Firma wandte sich an meine Schule zwecks Überlassung einiger junger Herren. Weil mir das Elektrische mehr lag und ich wieder zurückwollte, kündigte ich, als das Hilfsdienstgesetz zu Ende war. Ich ging wieder zum RWE zurück und wurde dort weiter als Zählerrevisor

Hermann Dörnemann in seiner ersten Firma als Elektrikerlehrling (sechster von rechts) um 1910.

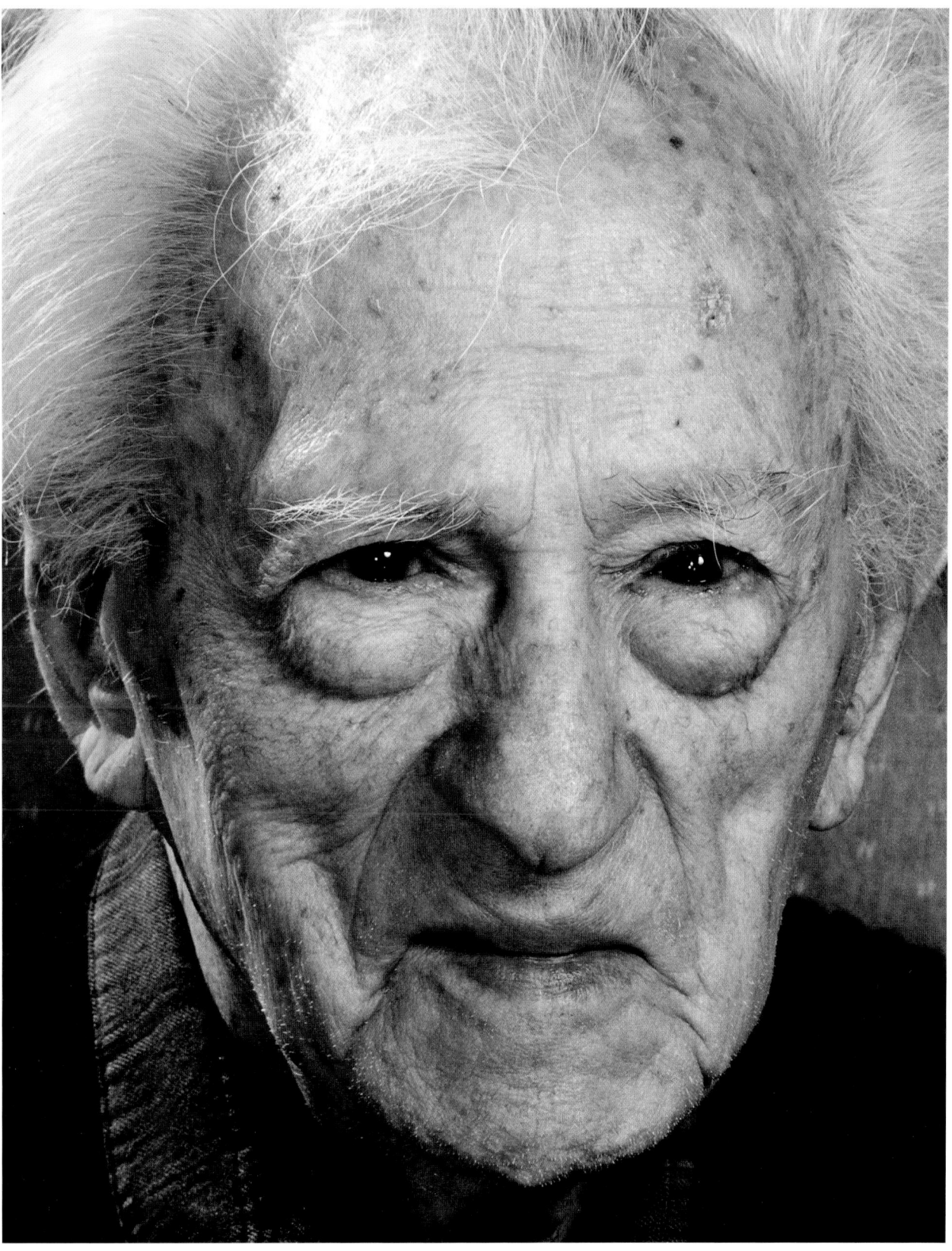

Hermann Dörnemann mit seinem Notizbuch.

ausgebildet. Einem Diplomingenieur Wagner, den ich kannte, fehlte jemand für seine Prüfeinrichtung in Ratingen, weil der dort zuständige Revisor noch nicht aus der Gefangenschaft zurückgekehrt war. Damals begann man, eine Zählerkartei einzurichten.

Eines schönen Tages erhielt ich einen selbständigen Posten. Ich hatte die Aufsicht über die Zählerabteilungen zu führen. Jede Woche fuhr ich im Wechsel in die Abteilungen und machte Stichproben und besuchte die Großabnehmer. Ich kontrollierte die Meßgeräte und veranlaßte Reparaturen. Hochspannungsanlagen wurden nur dann in Betrieb genommen, wenn ich als letzter gewissermaßen die eingebauten Meßaggregate freigab.

Unsere Stelle in Ratingen verfügte seinerzeit über einen Opel 4 und sechs NSU-Motorräder. Bei Störungsfällen fuhren die Monteure an die entsprechenden Orte. Ich habe den Führerschein meines Bruders gehabt und bin nie kontrolliert worden. (Damals gab es keine Kontrollen.) Unser Opel hatte eine Plakette, weil er über 100 000 km mit demselben Moter gefahren ist. Ich war aber auch viel mit dem Fahrrad unterwegs zu den Dienststellen.

Bis zu meiner Pensionierung im Jahre 1958 war ich im RWE beschäftigt.

Meine Frau hatte ich im RWE kennengelernt, wir heirateten 1926. Aus der Ehe gingen zwei Kinder hervor. Als meine Frau 1984 starb, zog ich in das Haus meines Schwiegersohnes. Heute lebe ich hier gemeinsam mit meiner Tochter Rita und meinem Schwiegersohn Bernd.

Mit hundert ging ich noch für die ganze Familie ein-

kaufen und versorgte die Familiengräber auf dem Friedhof.

Bis vor drei Jahren war Lesen und Unterhaltung meine Hauptbeschäftigung. Wir spielten auch regelmäßig Skat. Ich kann jetzt sehr schlecht sehen und hören, aber in meiner Wohnung finde ich mich zurecht. Am Arm trage ich eine Malteser-Notruf-Uhr, mit der ich mich melden kann, wenn ich Hilfe brauche.

Hermann Dörnemann mit Tochter Rita und Schwiegersohn Bernd im gemeinsamen Haus in Düsseldorf.

Ich habe noch keine Wahl versäumt

Mit dem Sonderzug kam der Kaiser jedes Jahr aus Berlin zur Jagd. Vom Bahnhof in Kassel fuhr die Jagdgesellschaft mit Kutschen zum Schloß Wilhelmshöhe. Wir Kinder haben sie oft gesehen, weil mein Vater in Waldau Oberförster war.

Unser Forsthaus stand nah am Wald. Wir haben ziemlich einfach und schlicht gelebt. Elektrisches Licht hatten wir erst in den letzten Jahren, ich glaube ab 1909.

Ich war ein lebhaftes Kind und wäre lieber ein Junge geworden. So wie man aus der Schule nach Hause kam, wurde man eingespannt in die Arbeitswelt. Deshalb habe ich auch keinen Beruf erlernt. Die Mädchen mußten im Haus mithelfen, das war selbstverständlich.

Wir hatten Hühnerhunde zu Hause, aber ich liebte auch die Katzen und die zwei Pferde, das Reitpferd für meinen Vater und das Arbeitspferd.

1914 habe ich geheiratet, und bin nach Freiberg in Sachsen gezogen. Mein Mann war vierzehn Jahre älter. Auf der Hochzeitsreise 1914 sind wir vom Ausbruch des Krieges überrascht worden, als wir in der Gegend von Kufstein waren. Weil mein Mann stark kurzsichtig war, mußte er nicht in den Krieg. Er war Oberstudienrat am Gymnasium, ein Philologe: Deutsch, Latein, Griechisch und bis 1933 Hebräisch. Ich habe mit ihm oft über Politik diskutiert, aber da kamen wir nicht unter einen Hut.

Ich hatte vier Kinder, zwei Jungen und zwei Mädchen. Meine Kinder sind alle in Freiberg geboren. Mein Sohn Friedrich Wilhelm ist 1940 in Frankreich gefallen.

Als die Russen in Freiberg einmarschiert sind, habe ich vorsichtshalber die Tür freiwillig aufgeschlossen, das war unser Glück! Bei anderen haben sie die Türen eingetreten und sind richtig böse geworden.

1956 sind wir nach Bielefeld gezogen. Als dieses Hochhaus hier in Sennestadt gebaut wurde, war alles noch ländlich. Die ganze Gegend roch nach Kiefernwäldern. Wir zogen 1961 hier ein und mußten 2500 Mark Kaution stellen. Ich zweifelte, ob sich das in unserem Alter noch lohnt. Im folgenden Jahr starb mein Mann. Jetzt bin ich die einzige, von sechzig Parteien, die von Beginn an hier wohnen.

Ich war lange Zeit im „Teutoburger Waldverein". Wir hatten richtige Wanderpläne. Bis zu meinem siebenundneunzigsten Lebensjahr bin ich noch mitgewandert, danach ging ich mehr spazieren. Den „Goldenen Wanderschuh" habe ich bekommen, das ist eine Ehrennadel für viele Wanderungen. Das war eine wunderschöne Zeit, vor allem war alles noch so nett und so einfach. Meine Wanderfreunde haben mich noch lange besucht, aber in letzter Zeit weniger, sie sind ja nun auch alt geworden.

Kürzlich bin ich mal gefallen, und hatte einen Oberschenkelhalsbruch, da war ich 101 Jahre. Ich wollte im Krankenhaus unbedingt gleich wieder nach Hause, und weil der Arzt sagte, ich würde erst entlassen, wenn ich wieder Treppensteigen kann, nahm ich alle Kraft zusammen und konnte schon nach siebzehn Tagen die Treppen im Krankenhaus gehen. Der Arzt stand da und wußte nicht, was er sagen sollte.

Durch Rundfunk und Fernsehen bekomme ich mit, was in der Welt geschieht. Jeden Wahlausgang schaue ich mir an. Seit 1919 das Wahlrecht für Frauen eingeführt worden ist, habe ich noch keine Wahl versäumt. Ich habe immer die gleiche Partei gewählt, nie rötlich!

Mein Sohn Klaus hat im Haus auch eine Wohnung, er kümmert sich jeden Tag um mich. Meine Tochter Luise wohnt in Bielefeld, sie ist inzwischen vierundachtzig. Und Lore ist vor vier Jahren gestorben.

Daß ich nicht mehr laufen kann, macht mich schon ein bißchen traurig, aber man trägt es mit Geduld. Seit dem vorigen Jahr liege ich fest im Bett, ich bin einfach zu schwach zum Aufstehen.

Ich bin in der glücklichen Lage, keine Schmerzen zu haben. Angst vor dem Sterben habe ich nicht, denn das ist ein natürlicher Vorgang.

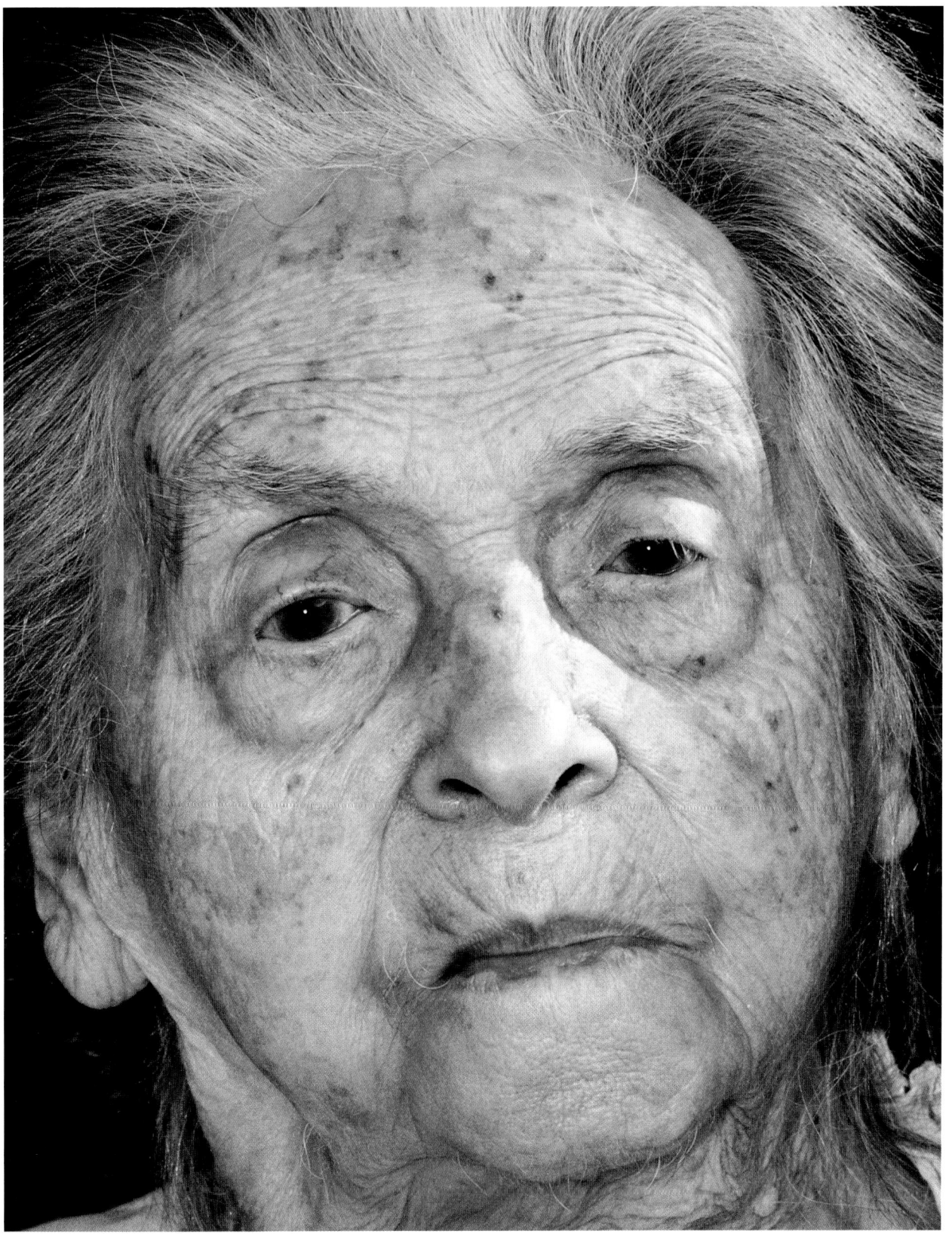

Sohn Klaus besucht seine Mutter im Altenheim.

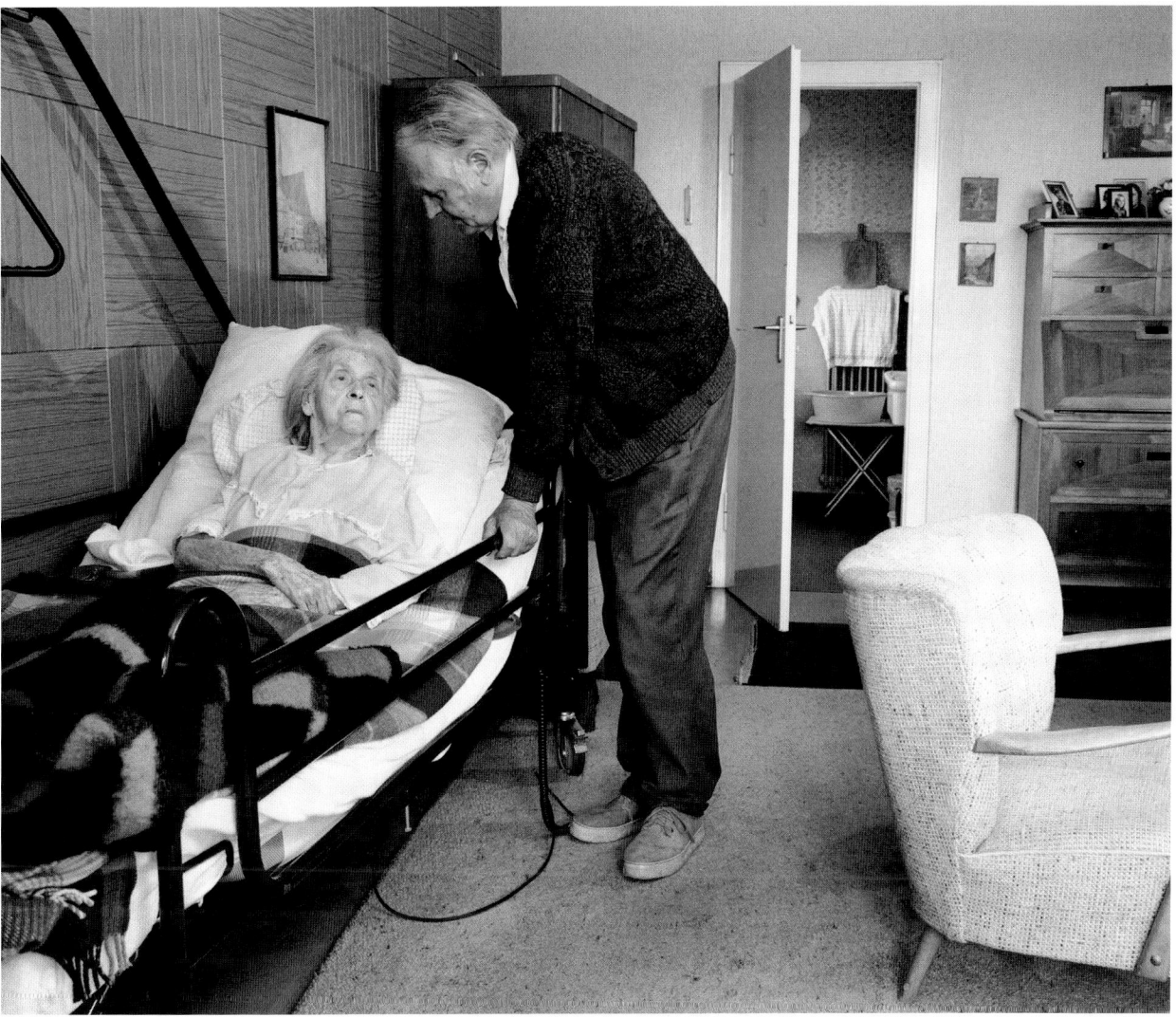

Er ist immer für seine Mutter da.

Die 13jährige Susanne im Kommunionskleid.

Und da bin ich zu einem geistlichen Herrn

Als echte Kölnerin bin ich katholisch. An der Kirche kann ich nicht gut vorbeigehen, wenn ich in der Stadt bin. Im Kölner Dom war ich oft, ich bin ja in der Gegend aufgewachsen.

Von fünf Geschwistern war ich die älteste. Mein Vater war an der Köln-Bonner Eisenbahn Zugführer. Wir wohnten wegen seiner Arbeit dann in Herrenmühlheim. Vater ist leider früh verstorben.

Ich wurde Schneiderin. Auf der Maschine habe ich nicht viel genäht, alles in Handarbeit. Zum Tanzen und Spazierengehen hatte ich nicht viel Zeit. Aber für Politik habe ich mich sehr interessiert. Ich habe immer das Zentrum gewählt – das war meine Partei. Bei den Reden im Bürgersaal war es so voll, da haben wir hoch auf den Tischen gestanden. Aber ich kann keine Reden halten.

Ich war nicht verheiratet. Als ich allein war, hab ich gedacht: Ach, jetzt gehst du ab vonne Schneiderei, jetzt gehst du inne Haushalt. Und da bin ich zu einem geistlichen Herrn, Dr. Gottlob. Er war Professor für Kirchenrecht in Bonn. Als er an die Universität Freiburg gegangen ist, bin ich mit. Es war eine schöne Zeit. Da bin ich so richtig anerkannt worden für das, was ich konnte: Nähen, den ganzen Haushalt führen und das Geld verwalten. Ich durfte auch überallhin mit hinfahren, sogar ins Ausland.

Als der Professor gestorben ist, bin ich noch einige Jahre in Freiburg geblieben, die Umgebung ist schon sehr schön. Nachher hab ich gedacht: Du mußt doch wieder ins Rheinland! Meine Geschwister waren alle froh, als ich zurückkam.

Jetzt bin ich schon lange im Herz-Jesu-Heim. In meinem Zimmer muß immer Ordnung sein.

Fernsehen sehe ich wenig, da hab ich gar keine Zeit für. Hier besuchen mich meine Verwandten. Wie ich so alt geworden bin? Da hab ich nichts für getan. Gelebt habe ich wie jeder andere.

Susanne Wimmer (vorn rechts) mit Freunden.

Susanne Wimmer im Kölner Herz-Jesu-Heim.

Läwwergnepp un Debbelabbes

Als die Franzosen hier waren nach dem Ersten Weltkrieg, hab ich einen netten höheren Offizier kennengelernt. Er wollte mich heiraten, aber ich hab ihm gesagt: „Ich bleib hier, ich geh net mit nach Frankreich!" Ich bin in Altenkessel geboren, und ich werde auch in Altenkessel sterben!

Als ich einundzwanzig geheiratet habe, hat mein Mann schon in der Grube gearbeitet. Angst hatte ich nicht, daß etwas in der Grube passiert, aber ich war auch nie mit unten. Als das erste große Unglück in der Grube geschah, hat er noch gearbeitet, aber Gottseidank in der anderen Schicht. Vierzig Leute waren drin verschüttet, und die Rettungsmannschaft ist rein. Da gab's eine zweite Explosion, und sie sind nicht mehr rausgekommen.

Wie er dann schon zwei Jahre in Rente war, kam im Winter 1962 das große Unglück in der Grube Luisenthal. Da sind 299 Bergleute umgekommen, den ganzen Tag ist die Sirene gegangen. Sie hatten die Leute aufgebahrt, damit die Angehörigen ihre Toten finden können. Es war fürchterlich! Sie haben ein großes Denkmal vor der Grube aufgestellt mit der Heiligen Barbara. Mein Mann war in der Gewerkschaft und Delegierter. Wenn er bei den Versammlungen einen über den Durst getrunken hatte, sang er: „Rosemarie …" und manchmal meinte er: „Ich habe zu Hause nicht nur ein Röschen, sondern auch manchmal ein Dornröschen." Meine Tochter lebt in der Schweiz. Sie war mit einem Sohn der Familie „von Oetker" eng befreundet, und als der ins Ausland ging und sie mitnehmen wollte, haben wir es nicht zugelassen. Da hat sie sich als Aupairmädchen in der Schweiz beworben und lebt noch heute dort. Sie ist gut verheiratet und hilft und spendet für die Armen.

Mein Sohn ist auch Bergmann geworden. Er hat studiert und war Knappschaftsamtsrat. Jetzt ist er auch schon in Pension, aber er hat immer noch viel mit der Knappschaft zu tun, und hilft wo er kann.

Wir waren zu Hause zehn Kinder. Meine Mutter war eine Lehrerstochter, und mein Vater war Vertreter. Von Mutter habe ich das Kochen gelernt. Sie war als junges Mädchen in Paris in einem Hotel zur Ausbildung.

Ich war viele Jahre im Chor. Wir haben sogar die „Schöpfung" von Haydn im großen Saalbau hier in Saarbrücken aufgeführt. Handarbeit hatte ich gern, die Filetarbeiten habe ich alle selbst gemacht, handgeknüpft ist das. Alle Bilder hier rundherum habe ich auch gestickt.

Im Ersten Weltkrieg zur Evakuierung war ich an der Edertalsperre. Wie ich kochen wollte, hab ich die Leut gefragt: „Könne Sie mir nich e Fleischmaschin gebe?

Rosa in den 20er Jahren.

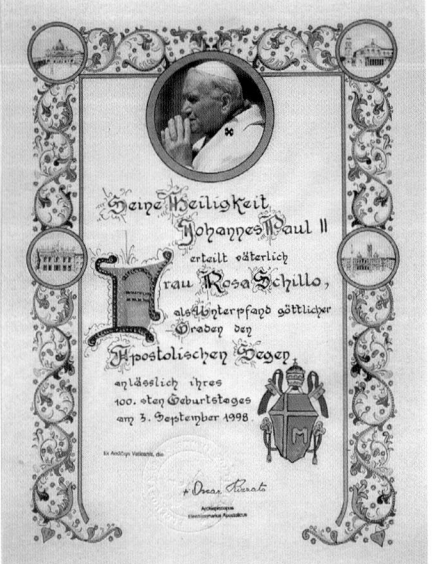

Urkunde des Papstes zum 100. Geburtstag.

Pastor Monshausen, Urenkelin Saskia, Helene Frères, Sohn Manfred und Rosa Schillo bei der Heiligen Messe in ihrer Wohnung.

Ich mach Lewwergnepp." „Hei, was ist denn das?" Und nach dem Essen: „Frau Schillo, eh Sie heim gehn, zeigen Sie uns doch, wie man Läwwergnepp macht!"

Oder „Debbelabbes" – kennen Sie das? Ein echt saarländisches Gericht! Es ist ähnlich wie Kartoffelpuffer. Man schält Kartoffeln, reibt sie und drückt sie durch ein Tuch. Dann kommt Ei und Paniermehl dran, eine geriebene Zwiebel, Salz, Pfeffer, Muskat und vielleicht etwas Lauch – und das Ganze wird in eine Pfanne mit heißem Öl gegeben, und man rührt immer wieder um.

Im Zweiten Weltkrieg wurden wir wieder evakuiert, und ich war mit meiner Familie in Wilhelmshöhe bei Kassel auf einem Bauernhof.

Wenn's mir weiter so geht wie jetzt, werd ich uralt. Morgens kommt die Sozialstation, holt mich aus dem Bett und zieht mich an. Am Tag ist meine Helene da und verwöhnt mich.

Sie macht immer Spaß, die Woche hat sie mal zu mir gesagt: „Oma, ich bin heut so fertig, heut mittag geh ich zum Förster, kommen Sie mit?" „Nee", hab ich gesagt, „ich will ja noch paar Jährche lebe, ich laß mich net schieße!" Die Waltraud aus unserer Straße bringt mich abends wieder ins Bett.

Meine Zeitung lese ich immer noch durch. Fernsehen ist ja fast alles, was ich noch kann, den Jürgen Fliege seh ich gern und „Brisant" und „Aktuell."

Die Mädchen hatten ein Auge auf mich

Als Mannesmann um 1890 in der ganzen Eifel junge Leute gesucht hat, die bei ihnen in Düsseldorf arbeiten sollten, ist mein Vater auch hingegangen. Zu Hause bekam ja immer nur der Älteste den Hof. Für drei Mark im Monat hat er sich ein Zimmer gemietet, und nach zehn Jahren hatte er zehntausend Mark Bargeld gespart. Ich wurde in Düsseldorf geboren. Von uns acht Kindern sind nur vier erwachsen geworden, zwei jüngere Brüder, eine Schwester und ich.

Meine Eltern zogen um die Jahrhundertwende wieder in die Eifel. Vater kaufte von seinem Ersparten in Münstereifel das damalige Café Kreuzberg. Er hat Bäcker gelernt und betrieb das Wirtshaus und das Café. Ich bin hier zur Schule gekommen. Im Ort gab es einen Schlachthof und ein Elektrizitätswerk. Ich habe das Bäckerhandwerk erlernt und kann heute noch Hefeteig kneten, aber durch eine Kriegsverletzung an der Hand konnte ich den Beruf nicht mehr ausüben. Mit einem

Josef Jenniches mit Schwester Gertrud und dem kleinen Philipp im Jahre 1899.

Bruder habe ich deshalb getauscht, er wurde Bäcker, und ich bekam seine Stelle als Briefträger. Mein anderer Bruder wurde Konditor. Beide haben das Geschäft gemeinsam betrieben, sie konnten auch Schokoladenpralinen und Eis herstellen. Der Eiswagen mit zwei großen Rädern und zwei langen Holzgriffen mit Stützen wurde durch den Ort gefahren, es gab Eis für fünf und zehn Pfennige und nur zwei Sorten. Seit ein paar Jahren betreibt Heino im Haus ein Café.

Als Landbriefträger ging ich damals täglich zwanzig Kilometer zu Fuß in die Dörfer, egal bei welchem Wetter. Das war meine schönste Zeit. Es wurde kein Schwein ohne mich geschlachtet, und von jedem Schwein bekam ich eine Wurst. Zu Ostern habe ich immer über 500 Eier von den Leuten geschenkt bekommen. Die wurden dann in „Kaf" gelegt, das ist die Spreu vom Hafer, damit sie sich lange hielten. Wo junge Mädchen waren, kriegte ich immer besonders viele. Ich war Junggeselle, und die Mädchen hatten ein Auge auf mich. Nicht weit von unserem Haus wohnte eine, die ich schon lange kannte. Wenn ich bei ihr war, klopfte die Mutter abends von oben an die Decke, denn vor der Hochzeit war da noch nichts! Die Franzosen hatten uns besetzt, und man durfte ab elf Uhr nachts nicht mehr auf die Straße. Einmal bin ich erwischt worden, als ich nach Hause schlich, und ich mußte in den Bunker. Ein anderes Mal habe ich einem Franzosen einen Ärmel aus der Uniform gerissen, weil der bei meinem Vater Obst geklaut hat, da mußte ich auch in den Knast.

1921 haben wir geheiratet. Wir hatten drei Kinder, zwei Mädchen und einen Jungen. Ich zog in das Haus meiner Schwiegereltern. Mein Schwiegervater war auch bei der Post. Im Krieg war er abends nach Dienst noch mit Briefen in die Dörfer gelaufen, damit die Frauen nicht so lange auf Post von ihren Männern warten mußten. Ab 1928 bin ich mit dem Postauto über Land gefahren. Im Auto war auch Platz für drei, vier Leute.

Ich war achtzig Jahre im Schützenverein, heute bin ich der älteste Schützenkönig von Deutschland. Im Turnverein hatte ich am liebsten das Reck. Wenn ich die Riesenwelle turnte, haben meine Kinder gestaunt. Im Feuerwehrverein war ich auch.

Für Politik habe ich mich interessiert, aber in eine Partei bin ich nicht gegangen. In den dreißiger Jahren wollte

Josef Jenniches (fünfter von rechts) im Turnverein Münstereifel in den 20er Jahren.

unser Postamt ein Schild anbringen: „Dieser Betrieb ist geschlossen in der NSDAP", aber ich wollte nicht eintreten. Und den „Westdeutschen Beobachter" wollte ich auch nicht bestellen. Man hat mich nach Köln-Deutz zum Bahnpostamt 10 versetzt. Nur am Wochenende, wenn ich keinen Dienst hatte, konnte ich mit dem Zug nach Hause fahren. Das dauerte viele Jahre, bis zum Kriegsende. Es ging mir dort aber nicht schlecht. Die Fahrer brachten vom Land Fleisch und Butter mit, und so konnte ich meine Familie versorgen. Das einzige – man mußte Kreditgeld haben. Damit konnte man in Frankreich oder anderen besetzten Ländern bezahlen. Unsere Gegend in der Eifel war nicht weit vom Westwall, und die Jagdbomber flogen dann auch zu uns. Mein Vater kam am zweiten Weihnachtstag 1944 durch eine Luftmine um. Er hatte bei den Angriffen sein Haus nicht verlassen wollen. Mutter war gerade nach oben gegangen und ist dadurch am Leben geblieben. Am 21. Januar 1945 wurden wir dann auch ausgebombt. Im Keller des Gymnasiums lebten wir, bis am 7. März die Amerikaner kamen. Weil der Apotheker Bresgen die weiße Fahne herausgehängt hatte, wurde die Stadt verschont. Vorübergehend wohnten wir bei einer alten Lehrerin , die eine Pension hatte. Dann reparierten wir unser altes Haus, so gut es ging.

Meine Tochter fing mit ihrem Mann 1956 zu bauen an, ich hatte ihnen dafür mein Gartengrundstück gegeben und zog mit in das Haus. Meine Frau starb 1961. Ich bin froh, daß ich meine Tochter Gertrud habe, sie sorgt

gut für mich und das schon seit vierzig Jahren. In London war ich 1997 mit älteren Leuten, die von den Luftfahrtgesellschaften Sabena und KLM zu dem Flug eingeladen worden waren. Wir waren alle über 100 Jahre und aus verschiedenen Ländern. Es war das erste Mal in meinem Leben, daß ich geflogen bin, und es hat mir richtig Spaß gemacht. Der WDR hat den Flug begleitet. Ich fand auch die Menschen in London ganz toll.

Eine Operation am grauen Star hatte ich vor ein paar Jahren. Das zweite Auge habe ich noch nicht machen lassen. Der Arzt hat gemeint, wer nach London fliegen kann, könnte auch mal zu ihm kommen.

Jedes Jahr mache ich Likör aus schwarzen Johannisbeeren. Das ist sehr gesund. Gartenarbeit war mein Hobby, aber so wie früher klappt das nicht mehr. Ich kann nicht mehr so gut gehen. Mein Nachbar hat mir zum Geburtstag einen neuen Spaten geschenkt, weil der alte schon geflickt ist. Aber der alte tut's erstmal noch.

Vor kurzem ging ich noch zum Skat, jeden Freitag von acht bis zehn. Meine Tochter schimpfte mich immer, weil ich mitunter erst nachts um zwei nach Hause gekommen bin. Vor einem Jahr habe ich damit aufgehört.

Jeden Tag trinke ich mit Vergnügen drei Gläschen Wein. Ich bekomme ihn von der Mosel. Dreimal in meinem Leben bin ich besoffen gewesen, einmal bei meiner Hochzeit und einmal beim Begräbnis. Geraucht habe ich nur ab und zu ein Zigarillo.

Bis vor zwei Jahren bin ich noch jede Woche zum Schwimmen gewesen. Aber das ist jetzt vorbei, dafür ma-

Josef Jenniches fuhr mit seinem Postauto ab 1928 über Land.

Josef Jenniches und seine Tochter Gertrud.

che ich immer noch jeden Morgen Gymnastik im Bett.
Nachrichten schau ich jeden Abend, aber der Rest interessiert mich nicht mehr so. Das Interesse läßt nach, sogar
am Fußball. Kurz vor meinem 105. Geburtstag habe ich
mich an der Hand verletzt, und alles stand kopf aus
Angst, daß ich mich nicht wie geplant in das „Goldene
Buch" der Stadt eintragen könnte. Aber dann ging es
doch, und die Vereine hatten für mich einen Umzug
durch Münstereifel organisiert und ein großes Fest aus-
gerichtet. Die Honoratioren der Stadt haben mit uns gefeiert und Heinos Frau Hannelore hat für die Kinder
Gummibärchen mit Heinos Konterfei ausgeteilt.

BERTHA LINDEMANN, WOLFENBÜTTEL, *1891

Wollen Sie nicht die Wäscherei übernehmen?

Ich bin eine echte Wolfenbüttlerin und mit Uckerwasser getauft. In meinem Leben gibt es Höhen und Tiefen.

Ich hatte eine fröhliche Jugend. Wir hatten am Haus einen großen Garten, die Hälfte war Rasen. Man konnte damals auch noch auf der Straße spielen. Gegenüber war das Krankenhaus. Die Ärzte fuhren mit Pferdekutschen zum Dienst. Nach der Schule bin ich zu Hause geblieben. Mein Vater war Schriftmalermeister, und da gab es allerhand zu tun und zu helfen: Schablonen schneiden, Kosten aufstellen, Rechnungen und Mahnungen schreiben. Damals bezahlten die Leute nicht immer gleich. Als Mutter 1912 starb, habe ich meinem Vater den Haushalt geführt.

In der Braunschweiger Molkerei lernte ich Kochen. Dort arbeitete auch mein späterer Verlobter als Molkereifachmann. Er wohnte in der Heide. 1909 haben wir uns verlobt, das war meine schönste Zeit!

Mit der Eisenbahn zweiter Klasse sind wir oft zum „Grünen Jägerverein" gefahren, und Onkel Fricke, der selbst seinen Topfkuchen gebacken hat, spendierte uns das Abendbrot.

Jeden Freitag gingen wir für dreißig Pfennige ins Kino, wir saßen immer zweite Reihe Mitte. In den großen Sälen fand oft Theater statt, da sind wir hin! Es gab einen Jugendclub „Edelweiß", da wurde gelacht, erzählt und gesungen, alles, was man als junger Mensch so macht. Ich bin gerne spazieren und in den Wald gegangen. Samstags wurde noch gearbeitet, von früh halb sieben bis mittags um eins.

Mein Verlobter ging 1915 freiwillig in den Krieg. Mein Bruder Julius mußte auch weg, das war ein bangen! Er kam nicht zurück. Der Herzog war auch im Krieg, und wenn ein Sieg errungen war, stand die Herzogin Marie-Luise oben auf dem Balkon. Dort habe ich auch den Kaiser gesehen, als der zur Taufe des Kronprinzen da war. Ich erinnere mich noch, beim Einzug der Herzogin in Braunschweig war alles mit Nelken gestreut. Nelken waren ihre Lieblingsblumen.

Nach dem Krieg kam die Inflation, wenn man morgens Geld kriegte, mußte man laufen, daß man es ausgab, weil es ganz schnell nichts mehr wert war. Ich habe immer gearbeitet, ich mußte doch leben!

Als ich mich von meinem Verlobten trennte, war mein Sohn Walter drei Jahre alt. Wenn ich zur Arbeit bin, paßte die Großmutter auf. Meine Schwiegereltern hatten einen Landhandel, sie haben uns mit Gemüse und Geflügel versorgt.

Unsere alte Oberschwester im Krankenhaus, für die ich zu Hause immer geplättet hab, fragte mich eines Tages: „Wollen Sie nicht die Wäscherei übernehmen?" Ich hab lange überlegt.

Mein Vater sagte: „Das ist etwas Beständiges, das solltest du annehmen!" Tja, siebenundzwanzig Jahre habe ich die Wäscherei geleitet. Hochdruckkessel gab es da noch nicht, man mußte die Wäsche aufhängen und wieder einsprengen. Wir haben uns auf der Arbeit gut vertragen, es gab keine Hetzerei.

Im Zweiten Weltkrieg war mein Sohn schon an der Reihe. Er war sehr musikalisch, und weil eine hohe Persönlichkeit in die Kaserne in Braunschweig kam, hat er acht Tage Aufschub gekriegt, weil er für die musizieren mußte. In der Ukraine wurde er schwer verwundet. Aus den verschiedenen Lazaretten ist er erst später wieder nach Hause gekommen. Mein Sohn Walter ist schon gestorben, ich denke oft an ihn.

Seit einem Sturz von der Treppe vor über dreißig Jahren habe ich Schwierigkeiten mit dem Bein. Seit zwölf Jahren bin ich im Heim der Diakonie. Ich möchte auch nicht mehr älter werden. Wenn man nicht mehr laufen kann, macht es keinen Spaß mehr.

Ich lese die Zeitung, und sitze vor dem Fernseher. Ein Rezept fürs Altwerden habe ich nicht. Ich habe immer gelebt wie jeder andere.

Heimleiterin Ingrid Büttner bei der ältesten Einwohnerin Niedersachsens.

Vor dem Allerhöchsten kniet man, das gehört sich doch!

Wir waren sechs Kinder zu Hause, drei Jungen und drei Mädchen. Ich war ein wildes Kind und habe nur Unsinn gemacht. Wenn es zu wild wurde, kamen die Mutter und der Vater dazwischen, und da war Ruhe für eine Weile. Wenn's nicht ging, gab's Schläge, auch in der Schule. Das ist doch natürlich. Und Strafarbeiten kriegte man, seitenlang mußte man schreiben!

Vater war Bahnbeamter, ich glaube Stationsvorsteher, und hat ganz gut verdient. Er wurde oft versetzt, und wir sind viel umgezogen. Ob wir wollten oder nicht, danach wurde nicht gefragt. Das war eine Arbeit!

Nach der Schule mußten wir zu Hause helfen. Wir wurden angestellt und nicht lange gefragt, ob wir es gern taten. Wir haben unsere Arbeit gemacht, ohne jede Bemerkung, nur was lange dauerte, war nicht so gut für mich.

Sonntags sind wir mit dem Vater und der Mutter spazieren gegangen. Wir sind katholisch. In die Kirche ging ich gern. In Köln sind wir auch im Dom gewesen, das war sehr schön!

Mir einen Mann zu suchen, dazu hatte ich keine Zeit und auch kein Interesse.

Zu Hause ging es immer um das Teure: Das ist zu teuer, das ist zu teuer, das können wir uns nicht erlauben! Das hörten wir oft. Einen leckeren Bonbon haben wir gerne gegessen, aber den gab es nur zum Namenstag oder zum Geburtstag. Wenn Weihnachten war oder Ostern, da gab es nur wenig Geschenke.

Wir haben gesund gelebt, viel Obst und Gemüse und einfache Hausmannskost. Die Eltern haben schon darauf geachtet, daß man nicht zu viel aß, es hatte ja alles seine Kosten. Gott sei Dank war ich immer gesund!

Ich war dann in Stellung. Bei einer besseren Familie hier in Mönchengladbach habe ich die Kinder betreut und immer auf Ordnung geachtet!

Im Heim bin ich schon lange, und es geht mir gut. Anfangs habe ich mit meiner Schwester Josefine hier gelebt. Als sie tot war, habe ich sie sehr vermißt, und ich hatte ganz lange das Gefühl, sie säße abends beim Rosen-kranzbeten neben mir, und betet mit. Ich wollte immer, daß sie mich zu sich in den Himmel holt. Ich bin nicht gern alleine, das macht mich traurig. Wenn ich alleine bin, rufe ich ganz laut, und dann kommt eine Schwester, und beschäftigt sich mit mir oder nimmt mich mit zu den anderen. Zu den Veranstaltungen kann ich ganz alleine runtergehen.

Jeden Morgen gehe ich in die Heilige Messe. Ich knie mich immer nieder, auch wenn man sagt, daß ich das nicht mehr machen müßte. Aber vor dem Allerhöchsten kniet man, das gehört sich doch!

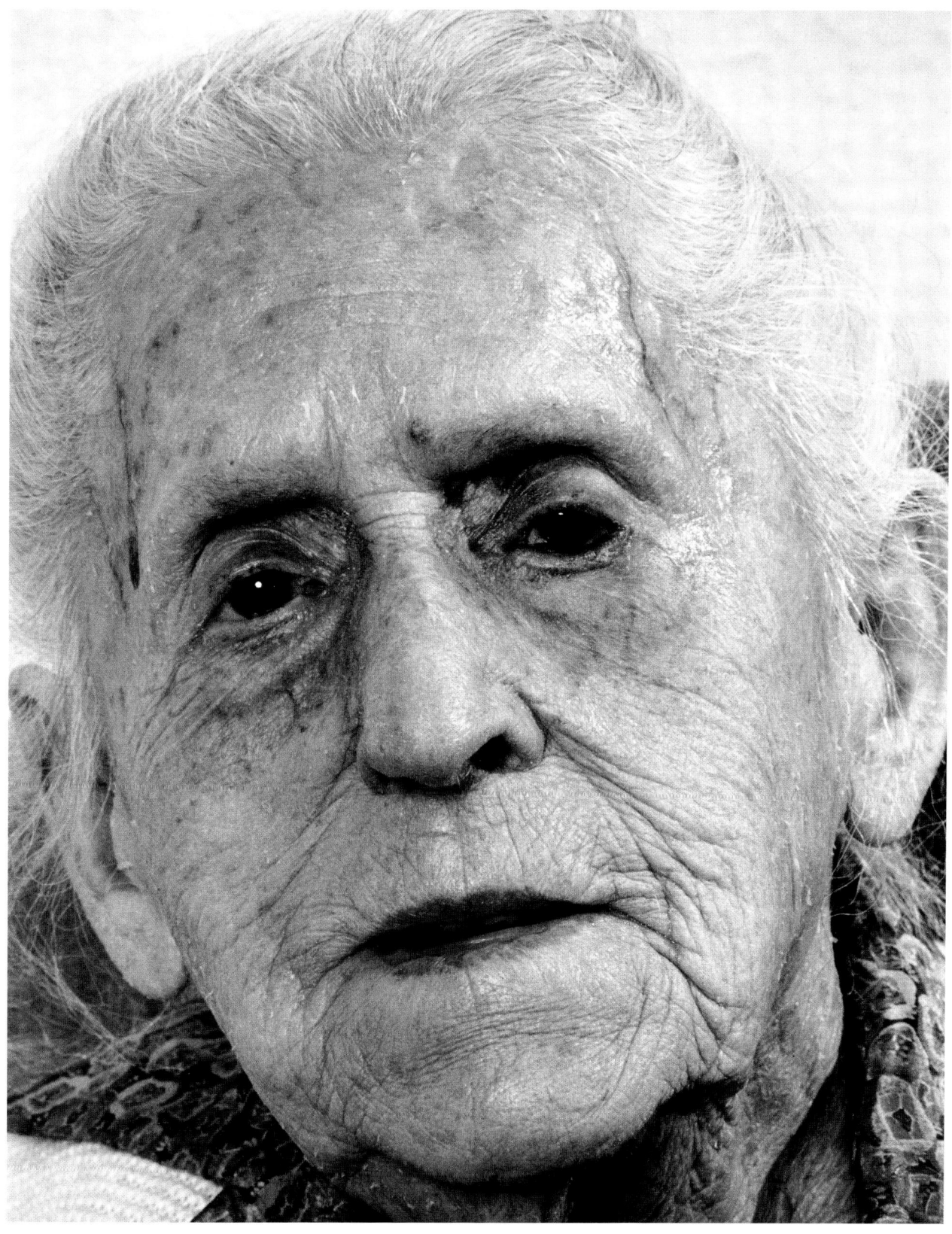

Elisabeth Steymans versäumt keine Andacht im Katharinenstift. Frau Floren ist als Sozialbetreuerin immer für sie da.

Elisabeth Steymans in ihrem Zimmer im Katharinenstift.

μηδεν αγαν – Nichts im Übermaß!

Geboren am 16. Juni 1894 in Zwickau als Sohn des nach-maligen Stadtkämmerers Karl Albin Köhler und seiner Ehefrau Emilie, geb. Sarfert, verbrachte ich eine fröhli-che Kinder- und Jugendzeit in meiner Vaterstadt, die ich mit dem Abitur am dortigen humanistischen Gymna-sium 1913 abschloß. Danach studierte ich in München und Leipzig Philologie, nahm am Ersten Weltkrieg teil und schloß 1919/1920 meine Studien mit dem Staatsexa-men und der Promotion über den Dreißigjährigen Krieg ab. Fünfundzwanzig Jahre war ich vom Studienreferen-dar bis zum Oberstudiendirektor im höheren Schul-dienst Leipzigs tätig.

1936 heiratete ich die Justizreferendarin Ilse geb. Schatz, die mir in glücklicher Ehe drei Kinder, einen Sohn und zwei Töchter, schenkte, die heute sämtlich im höheren Bayerischen Staatsdienst stehen.

Durch verwandtschaftliche Beziehungen gelang es mir, in Bad Wiessee am Tegernsee festen Fuß zu fassen, wo ich ein Landschulheim leitete, die Volkshochschule be-gründete und ehrenamtlich 14 Jahre ihr Erster Vorsitzen-der war. Nachdem es mir gelungen war, meine Familie nach Bad Wiessee zu holen, zogen wir 1956 nach Mün-chen, wo ich noch heute in einer Eigentumswohnung le-be und von einer unverheirateten Tochter rührend ver-sorgt werde.

In der vergangenen Zeit bekleidete ich mehrere Eh-renämter. Ich bin im Besitz des Bundesverdienstkreuzes am Bande.

Zu meinem großen Schmerz verlor ich meine liebe Frau im Alter von 79 Jahren und bin Witwer seit 1988.

Rudolf Köhler (rechts) als Gymnasiast.

Mit großem Interesse liest Dr. Köhler das Buch
„Deutschland vor der Reformation" von Willy Andreas.

Die Älteste von der Wesermarsch

„Frau Wilks, du mußt aufstehn, dat Wasser steht oben am Deich!" So hat mich mein Nachbar geweckt. Ich hab mich schnell angezogen, und rauf auf 'n Deich, und da liefen sie alle hin und her. Das Wasser stand schon bis ganz oben. Mein Enkelsohn sagte: „Oma, du mußt weg!" Ich sagte: „Ich kann nicht so einfach weglaufen von meinem Haus, unten im Keller hab ich doch meine Kartoffeln drin! Ich bleib noch hier bis heut abend." Alle Nachbarn sind fort, nur ich war noch da. Wir gucken abends wieder über'n Deich – und da war alles weg! Nur der Schreck ist geblieben.

An die Wesermarsch sind wir gezogen, weil meine Mutter von hier stammte. Wir kamen aus dem Ammerland, ich war da erst drei Monate alt.

An der Moorseer Mühle gab es den Hof vom Theodor Tanzen, und seine Mutter wohnte nicht weit weg. Fünf Jahre war ich bei ihr in Stellung. Im Hause wurde alles geputzt und blank gemacht, und nur auf Knien. Staubsauger und so was gab es noch nicht. Mit einer kleinen Petroleumlampe mußte ich die Stiegen rauf in meine Kammer gehen. Sie hatte einen riesigen Garten, da kam immer ein Mann mit der Sense zum Rasen mähen, und

ich mußte dann mit einem kleinen Kartoffelschälmesser die ganzen Ränder schneiden.

Einmal war ich mit Mutter in Nordenham, sie wollte mir neue Schuhe kaufen. Wir gingen danach in ein Lokal, und da saßen ein paar Männer, die Bahnzeug anhatten. Ja, und einer von denen hat sich hinterher erkundigt, wer ich war und hat mich besucht. Er war Schaffner auf der Butjadinger Bahn von Nordenham nach Eckwarden, und ich bin oft mitgefahren.

Auf der Kleinen Weser sind wir sonntags gepaddelt, aber Schwimmen hab ich nie gelernt.

Wir haben geheiratet, und als die Kleinbahn geschlossen wurde, sind wir nach Rodenkirchen gezogen. Vierzehn Tage lebten wir gerade mal in unserem Häuschen am Strohauser Deich, da kommt er von der Arbeit und sagt: „Du, der Krieg ist ausgebrochen!" Ich sag: „Krieg, wat is dat denn?" Als er wegmußte, sagt er: „Ob ich wiederkomm, weiß ich nicht".

Da saß ich da nun am Deich, mutterseelenallein mit zwei kleinen Kindern. Ich kannte hier niemand.

Mein Mann schrieb gar nicht. Ich hab lange gewartet, dann kam endlich eine Karte, wo er mitteilte, daß er schwer verletzt war. Als Sanitäter mußte er in den Schützengraben, die Verwundeten holen. Das Rote Kreuz am Arm hat ihm nichts genützt. Er kam in ein Bayerisches Kriegslazarett. Die anderen waren schon lange zu Hause, da ging es ihm immer noch schlecht. Der rechte Arm ist lahm geblieben.

Am Deich hab ich einiges erlebt, der Sturm hat alle Ziegel vom Stall abgedeckt. Eines Tages kamen sie und sagten: „Die Häuser am Deich müssen abgerissen werden!" Von den neunzehntausend Mark, die ich gekriegt habe, konnte ich etwas in Abbehausen kaufen, dort hab ich noch dreißig Jahre gewohnt. Drei Kinder hab ich großgezogen, die jüngste hat in eine Gärtnerei im Schwarzwald geheiratet. Jedes Jahr kam sie ein paar Wochen zu mir, und ich bin dann mit runter gefahren. Da muß man sich dran gewöhnen, da ist ja alles Wald und Berge.

Ich war fünfundneunzig und hab mal den ganzen Nachmittag auf dem Acker Kartoffeln rausgemacht. Wie ich abends rein will, knick ich plötzlich um und liege da. Ein Oberschenkelhalsbruch ist das, hat der Arzt gesagt. Vor drei Jahren bin ich hingefallen, dann hat es gereicht.

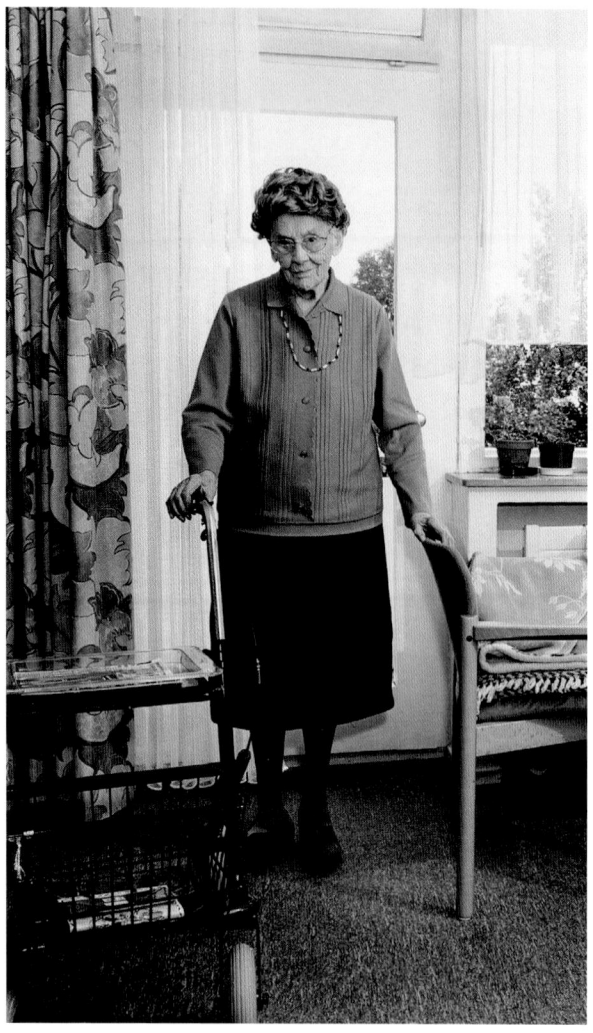
Johanne Wilks hält ihr Zimmer noch selbst in Ordnung.

Nach dem Krankenhaus bin ich gleich ins Heim. Tabletten brauche ich noch nicht.

Meine ältere Tochter Ida war ganz allein im Haus geblieben. Sie hatte nach Weihnachten einen Schlaganfall und ist jetzt mit hier, wir wohnen auf demselben Flur. Mein Enkel Dieter kommt dreimal in der Woche und bringt Kuchen, Obst, Aal und so besondere Sachen mit. Wir drei trinken dann zusammen Kaffee, darauf freue ich mich immer.

Die Tagesschau interessiert mich am Fernsehen am meisten, aber seit der Kohl weg ist, ist nichts mehr da. Die Parteien jetzt, die können sich nicht vertragen, alles ist durcheinander.

Ich bin ja nun die Älteste von der Wesermarsch. Aus meiner Butjadinger Zeitung erfahre ich alle Neuigkeiten von hier.

Johanne Wilks lebt mit Tochter Ida auf derselben Etage im Altenheim der AWO.

Ich bin noch da, also will ich auch wissen, was los ist!

Ich bin in Glauchau geboren, als viertes von neun Kindern. Damals kam noch die Butterfrau und brachte Butter, Quark und Käse ins Haus. Der Kohlenhändler und andere kamen in die Häuser, alle wollten verkaufen. Meine Kinderarbeit war das Einkaufen, im Geschäft wurde angeschrieben und erst am Monatsende bezahlt. Ich kam 1900 in die Schule.

Mein Großvater hatte mehrere Handwebstühle, bei ihm hat mein Vater das Weben gelernt und wurde Webermeister. Ich habe auch noch mitgearbeitet. Vater war stolz auf seinen Bart, nachts trug er eine Bartbinde, damit die Spitzen blieben. Wenn die Jungen Dummheiten machten, holte Vater den Ochsenziemer, da bin ich ausgerissen, ich wollte das nicht sehen.

Meinen Mann habe ich beim Tanzen kennengelernt. Er konnte sehr schön Zither spielen. Als er aus der Schule kam, ist sein Vater gestorben. Als Achtzehnjähriger mußte er zum Militär, er war vier Jahre im Schützengraben in Frankreich. Weil er einen Steckschuß hatte, durfte er auch mal nach Hause.

Gleich nach dem Krieg haben wir in Zwickau geheiratet. Unsere Tochter wurde 1919 geboren. Susanne von

Elisa (stehend in heller Bluse) mit ihren Geschwistern auf der Silbernen Hochzeit der Eltern.

Wolffersdorff, meine Schwiegermutter, meinte: „Schafft euch doch noch einen Bub an!"

Als ich 1920 in Zwickau in Stellung war, kam mein Mann immer mit dem Fahrrad, ich hörte ihn schon von weitem. Das Rad hatte keine Reifen, sondern Spannfedern statt Gummi.

1928 ging mein Bruder nach Amerika. Wir haben ihn nach Hamburg geschafft. Ich sollte mal was erleben, sagte er. Auf der Reeperbahn haben sie auf einer Glasplatte getanzt.

Die von Wolffersdorff sind alter Adel, das geht bis vierzehnhundert zurück. Da gibt es verschiedene Linien, sie hatten vor allem Landgüter. Das Schloß in Thüringen war in der DDR ein Jugendwerkhof.

Die ich aus der Familie kannte, hatten meist mit der Eisenbahn zu tun, der Großvater war in Zwickau Wagenmeister, ein Onkel war Lokführer, und ein anderer war Reichsbahnrat in Bayreuth. Mein Mann wurde Bahnhofsvorsteher, als wir 1933 nach Grüna zogen. Hier waren viele kleine Trikotagenfabriken, eine Handschuhfabrik, eine Strumpffabrik, da wurde alles mit der Bahn angeliefert. Er war immer beschäftigt. Wir hatten in dem Eisenbahnerhaus eine Etage, ich hatte achtzehn Fenster zu putzen!

Als Bahnhofsvorsteher mußte er in die Partei eintreten, aber er war kein Nazi, er hat immer nur seine Arbeit im Kopf gehabt. Wegen Mitgliedschaft in der NSDAP wurde mein Mann nach dem Krieg „aus dem Dienst enthoben". Er sagte: „Wenn sie meinen Namen hören,

Elisa im Jahre 1917.

Robert von Wolffersdorff und Elisa im Jahre 1914.

gucken sie immer dumm, ich möchte lieber Müller, Meier oder Schulze heißen!" Als Gleisarbeiter ist er dann beim Bauzug gewesen. Mein Mann war nie krank, aber 1956 ist er plötzlich an Krebs gestorben.

Nach der Wende haben sie meine Tochter und mich in den Familienverband der Wolffersdorffer aufgenommen, als Älteste bin ich Ehrenbürgerin. Im September ist wieder ein Familientreffen in Thüringen.

Jetzt geh ich nicht mehr zur Wahl, die sollen mich zufrieden lassen! Ich bin ein nutzloses Geschöpf, sag ich immer. Aber die Nachrichten will ich wissen! So dahinleben gefällt mir nicht. Ich bin noch da, also will ich auch wissen, was los ist!

Elisa von Wolffersdorff und ihre Tochter Ursula.

Aufnahme des Hobby-
fotografen Max Unger
von seiner kleinen
Tochter Auguste.

AUGUSTE UNGER, BERCHTESGADEN, *1894

Ich glaube an das Weiterleben meiner Geistseele und ihre Höherentwicklung

In Metz wurde ich geboren als älteste Tochter des Garnison-Verwaltungsinspektors Max Unger und seiner Ehefrau Ida Maria Auguste.

Nach der Versetzung meines Vaters nach Dresden im Jahre 1899 erlebte ich dort mit drei Geschwistern eine unbeschwerte Kinder- und Jugendzeit. Unsere Wohnung lag im schön gelegenen Stadtteil Albertstadt. Der Park war für uns und die in der Kaserne wohnenden Kinder ein idealer Aufenthalt. Auch der kleine Turnplatz wurde fleißig benutzt, und wenn ich auf der Schaukel stehend mich hoch in die Luft schwingen konnte, war ich selig. Wenn die Gardereiter hoch zu Roß in hellblauen Uniformen und mit dem goldenen Helm die Kaserne verließen, sind wir vor Begeisterung ein Stück mitgelaufen.

Aus der Zeit der Jahrhundertwende sind mir einige Erlebnisse in guter Erinnerung geblieben. Nach einem Prost Neujahr und Anstoß der Gläser öffnete mein Vater das Fenster, und zu uns herauf ertönte in die Stille der Nacht das wunderbare Geläut der Dresdener Glocken. Dies erschien alles so feierlich, und ich fühlte, daß dieser Jahreswechsel etwas ganz Besonderes sein mußte.

Es muß wohl im ersten Jahr nach der Jahrhundertwende gewesen sein, als Mutter in der Zeitung ein Inserat las: „Lebende Bilder. Vorführung am Nachmittag auch für Kinder."

In einem Vorführungsraum eines Hauses in der Innenstadt waren lange Holzbänke aufgestellt, und vorn war eine große Tafel, auf der die lebenden Bilder gezeigt wurden. Wie gebannt schauten wir auf das neue Wunder! Im Laufe des Geschehens hörte man plötzlich die aufgeregte Stimme meiner kleinen Schwester: „Lauf weg, lauf weg, der Mann kommt mit dem Stock!"

Es war Sommer. Wir Kinder kamen aus dem Park und sahen auf der breiten Allee einen Wagen kommen, einen Wagen ohne Pferde. Wir hatten schon von einem solchen gehört, aber noch keinen gesehen. Staunend und wie gebannt sahen wir ihn kommen, und als er vorüber war, riefen wir jubelnd: „Ein Automobil, ein Automobil!"

Es dauerte nicht lange, da gab es für uns Kinder wieder eine Neuigkeit. Wir verstanden nicht alles, was die Mutter erzählte, aber das eine blieb haften: daß man durch Drehung eines Schalters an der Wand das Licht in der Lampe anzünden oder auslöschen konnte. Eine wunderbare Erfindung!

Das erste Radio erlebte ich in den zwanziger Jahren bei meinen Eltern während eines Urlaubs. Mit Kopfhörern und einem Apparat auf dem Tisch, Detektor genannt, erwartete ich die ersten Töne. Und dann kamen sie; ein Militärmarsch aus Leipzig. Und ich entsinne mich, wie ich ergriffen, aber auch erfreut war über diese wunderbare Erfindung.

Die 13jährige Auguste Unger mit der Mutter und den Geschwistern.

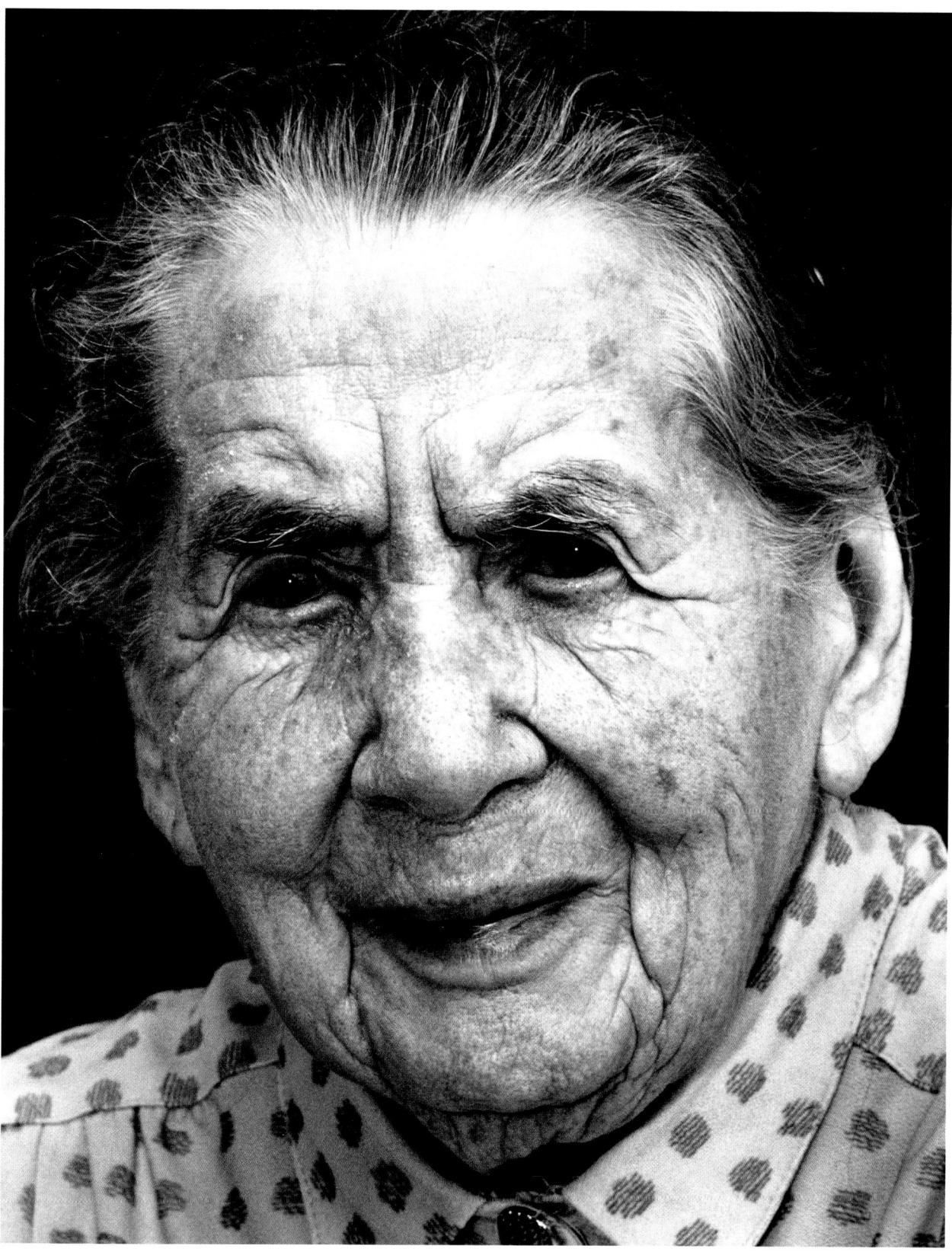

In unserem Stadtteil gab es keine Geschäfte. Frühmorgens standen vor der Wohnungstür die Flaschen Milch von „Pfunds-Molkerei", und an der Türklinke hing ein Beutel mit knusprigen Brötchen.

Ostern 1901 erlebte ich den ersten Schultag. Ein Jahr übten wir das Schreiben auf der Schiefertafel; aus dem Ranzen hingen der nasse Schwamm und der Lappen zum Trocknen der Tafel. Vom fünften Schuljahr an besuchte ich mit einer Freundin die vierte Bürgerschule in der Neustadt. Dreiviertel Stunden Weg. Bei schlechtem Wetter konnten wir einen Teil des Weges mit der Straßenbahn fahren.

Meine berufliche Ausbildung als Kindergärtnerin erhielt ich im Fröbel-Seminar in Dresden. In dieser Zeit gab es nur wenige Kindergärten, und die Ausbildung erstreckte sich im besonderen auf die Erziehung und Pflege der Kinder in der Familie und berechtigt aber auch zur Unterrichtserteilung bis einschließlich drittes Schuljahr.

Bald nach Abschluß der Ausbildung erhielt ich von einer Fabrikantenfamilie in Pirna eine Stelle mit Familienanschluß.

Im nächsten Jahr, als wir im Nordseebad Westerland unseren vierwöchigen Urlaub beendet hatten, erreichte uns die Nachricht vom Ausbruch des Ersten Weltkrieges. Vaterlandslieder wurden gesungen, die wir in der Schule gelernt hatten, z. B.

Es braust ein Ruf wie Donnerhall,
Wie Schwertgeklirr und Wogenprall:
Zum Rhein, zum deutschen Rhein!
Wer will des Stromes Hüter sein?
Lieb Vaterland, magst ruhig sein,
Fest steht und treu die Wacht am Rhein!

Nach dem Krieg war ich in verschiedenen reichen Familien als Erzieherin und Hauslehrerin tätig. Doch mit zunehmendem Alter steigerte sich in mir das Verlangen nach größeren Aufgaben im sozialen Bereich.

Im Jahre 1926 begann ich eine zweijährige Ausbildung in der sozialen Frauenschule in Dresden. Es folgte ein Jahr Ausbildung im Staatlichen Säuglingsheim in Chemnitz, und nach einem weiteren Jahr Praktikum wurde ich staatlich anerkannte Fürsorgerin. Die Arbeitslosigkeit war 1930 noch nicht vorüber, und so nahm ich dankbar

eine Stelle in einem Kurheim für Tbc-gefährdete Kinder im Thüringer Ort Schleusingen an. In Leipzig unterbrach ich die Fahrt, um meinem jüngeren Bruder zu seinem großen Erfolg zu gratulieren: Unter mehr als zwanzig Bewerbern hatte er die Stelle des ersten Geigers im berühmten Gewandhaus-Orchester bekommen.

Nach einer vierjährigen Heimtätigkeit konnte ich eine Stelle als Fürsorgerin im Kreis Beeskow-Storkow, unweit von Berlin, bekommen. Ich bekam ein Gebiet mit der Kleinstadt Märkisch-Buchholz und fünfzehn Dörfern.

Weit verbreitete Krankheiten waren seinerzeit die Tuberkulose und die Rachitis. Gegen die Rachitis gab es ein neues Vorbeugungsmittel, das jedem Säugling eingegeben wurde. Die Tuberkulose war heilbar, wenn sie rechtzeitig erkannt und behandelt wurde. In den Dörfern begannen außer den Hausbesuchen die Mütterberatungen und die Schulkinderuntersuchungen mit einem Arzt aus dem Gesundheitsamt.

Eine neue Maßnahme war das Ausfüllen von Sippentafeln bei geistig Behinderten, um festzustellen, ob eine Vererbung vorliegt. Bestätigte sich der Verdacht, wurde der Betreffende sterilisiert.

Die Aufgaben vermehrten sich, auch die vom Jugendamt. Bis zu zwanzig Kilometer waren die Dörfer entfernt, die Dienstfahrten wurden mit dem Fahrrad erledigt. Die Regierung in Potsdam machte den Vorschlag,

Auguste Unger 1924.

In den 50er Jahren leitete Auguste Unger ein kleines evangelisches Altenheim in Schwabach. Das Foto entstand 1958. Rechts ist ihre fünfjährige Großnichte Angelika zu sehen.

ein Auto zu kaufen. Mit Hilfe eines zinslosen Kredits kaufte ich einen DKW Meisterklasse für zweitausend Reichsmark. Eine Frau am Steuer war damals eine Seltenheit.

Unbegreiflich war mir und vielen anderen auch die Verfolgung und Vernichtung der Juden, und das war der Grund, weshalb ich nicht Parteimitglied wurde, obwohl es der Staatsdienst erforderte.

Eines Tages kam ein Pfarrer zu mir und erzählte, er habe eine schlaflose Nacht gehabt. Ein Soldat sei zu ihm gekommen mit den Worten: „Herr Pfarrer, ich muß mein Gewissen entlasten, ich kann so nicht weiterleben." Sein Dienst bestand darin, die mit den Zügen ankommenden Juden in die Vergasungsanstalt zu bringen. Den Soldaten drohte die Todesstrafe, wenn sie die Schweigepflicht nicht einhielten.

Das Wissen um diesen ungeheuerlichen Massenmord hat mich schwer belastet, und es hat längere Zeit gedauert, bis ich mit meinen Verwandten darüber reden konnte. Auch sie waren über das Gesagte erschüttert und konnten es kaum glauben.

Da Berlin bereits von den Russen besetzt war, hofften wir Bewohner auf eine friedliche Übergabe von Märkisch-Buchholz. Aber dem war leider nicht so. Straßensperren aus Beton wurden gebaut. Eine Menge Soldaten und Offiziere kamen. Ihre Losung hieß: Kampf bis zum letzten Mann! Eines abends ertönte der Lautsprecher: Sofort die Stadt verlassen! Meine Wertsachen hatte ich schon vorher im Garten vergraben. Ich nahm mein Rad

und ein Köfferchen und fuhr ins nächste Dorf. In den folgenden Tagen mußte man ständig die Orte wechseln, um aus dem Kampfgebiet zu kommen. Wie heftig die letzten Kämpfe gewesen sein mußten, bewiesen die zahlreichen Toten in den Wäldern. Zur Beseitigung der Leichen wurden Männer und Frauen eingesetzt, die unter Aufsicht eines Russen die Toten an Ort und Stelle begruben. Nach ungefähr einer Woche war die traurige Arbeit beendet

Unter den Russen hatten anfangs die Frauen zu leiden. Sie machten keinen Unterschied zwischen jung und alt, und mir erscheint es heute noch wie ein Wunder, daß ich verschont geblieben bin.

Nach dem Krieg arbeitete ich zunächst im Gesundheitsamt und übernahm das Röntgen.

Mehrfach wurden wir vom Landratsamt aufgefordert, an einem Umzug mit Musik teilzunehmen, der sonntags in der Zeit der Gottesdienste stattfand. Da ich nicht teilnahm, gehörte ich zur Gruppe der politisch Unzuverlässigen.

Über andere Stationen fand ich in Nürnberg und dann in Schwabach eine Anstellung als Säuglingsschwester. Als die Krippe nach vier Jahren schloß, konnte ich ein kleines evangelisches Altersheim in Schwabach übernehmen.

Im 66. Lebensjahr bekam ich Herzrhythmusstörungen und mußte Abschied nehmen. Ich zog zu meiner Schwester. Wir hatten beschlossen, mit ihrem Mann unseren Lebensabend gemeinsam zu verleben. Im zweiten Jahr starb sie leider an Krebs. Eine Tante, die in München lebte und die ich oft besuchte, hatte den Wunsch, ein Altenheim aufzusuchen. Da in München nichts frei war, erinnerte ich mich an eine Empfehlung und konnte ihr 1966 einen Platz in der Insula in Berchtesgaden besorgen. Ich war erfreut über die schöne Lage des Heims inmitten der Bergwelt.

Damals herrschte ein großer Schwesternmangel, und man riet mir: „Sie sind doch im Ruhestand, kommen Sie und helfen der Tante!" Ich fühlte mich mit 73 Jahren noch zu jung für ein Altenheim, andererseits war es mir nicht möglich, meine Tante im Stich zu lassen. Nach ihrem Tod blieb ich dann, denn durch Um- und Neubauten hat sich im Laufe der Jahre die Insula zu einem erstklassigen Heim entwickelt. Zudem ist die Heimleitung bemüht, unser Leben so schön wie möglich zu gestalten, und vom Pflegepersonal werden wir liebevoll betreut. Wäre es sonst möglich, nach einem 33-jährigen Heimaufenthalt 106 Jahre alt zu werden?

Am Ende meines Lebenslaufes angekommen, möchte ich nicht versäumen, meine Überschrift zu erklären und über meinen Glauben zu berichten. Der Körper stirbt, er ist grobstofflich, die Geistseele oder das Geistwesen ist feinstofflich und lebt weiter. Ich glaube nicht an ein Weiterleben, ich weiß es.

Es gab eine Zeit, in der mich eine Verheißung von Jesus beschäftigte. Es waren die Worte in seiner Abschiedsrede an seine Jünger und Zuhörer:

„Ich habe euch noch viel zu sagen, aber ihr könnt es jetzt nicht tragen. Wenn aber der Geist der Wahrheit kommen wird, den ich euch senden werde, wird er euch in alle Wahrheit leiten. Er wird nicht aus sich selber reden, sondern was er hören wird, das wird er reden, und was zukünftig ist, euch verkündigen. Er wird es von dem Meinen nehmen ..."

(Aus den autobiografischen Aufzeichnungen von Auguste Unger, im Frühjahr 2000)

Auguste Unger kehrt vom Einkauf zurück.

Günter Kunert

Schier hundert Jahre bist du alt
(Unorthodoxe Gedanken zum Thema)

Mit hundert Lebensjahren wird man zum Ausstellungsstück, teils bestaunt, teils bedauert, weil die Gebrechlichkeit unübersehbar ist. Dem Hundertjährigen eignet etwas Fragiles. Für den Umgang mit ihm sind Samthandschuhe angebracht. Und wenn man ihn fragt, wie er diese Dauerhaftigkeit geschafft hat, wird man kein allgemeingültiges Rezept zu hören bekommen. Der eine beruft sich auf Tabakabstinenz, der andere auf ein tägliches Gläschen Alkohol, ein weiterer auf viel frische Luft, auf Wanderungen, auf gesunde Ernährung.

Also: Wie wird man wirklich hundert Jahre alt?

Heute verweisen Sachverständige auf die genetische Disposition. Ist Altwerden erblich? Glücklich darf sich schätzen, wer bis zu seinem letzten Atemzug von physischen und psychischen Defekten einigermaßen verschont geblieben ist. Doch solche „Vorzugsbehandlung" durch das Schicksal oder den Zufall erleben die wenigsten. Dem Gros der Leidenden, der chronisch Kranken und Altersdepressiven steht eine Minderheit gutgelaunter Greisinnen und Greise gegenüber, die sich, was mit Sicherheit zur Daseinsverlängerung beiträgt, über den Tod keine Gedanken machen. Daß der Mensch geboren werde, um zu sterben, und sich keiner vor seinem Ende glücklich schätzen könne, wie der Philosoph meinte, spielt bei den Ausnahmefällen keine Rolle. Wie intensiv Befürchtungen, Ängste und Sorgen körperliche Auswirkungen haben dürften, ist bekannt. Die Phrase vom „Selbstmord aus Angst vor dem Tode" enthält, wie so viele Klischees, eine unwiderlegliche Wahrheit. Die Statistik weist nach, daß sich viele alte Leute aus ihrer kerkerartigen Einsamkeit, aus der zunehmenden Fremdheit einer immer unverständlicheren und immer brutaleren Welt ins Jenseits flüchten. Eine gewisse seelische Robustheit scheint die Vorbedingung für das hohe Alter zu sein. Eventuell sogar, um einen Buchtitel des Psychologen Alexander Mitscherlich zu zitieren, „Die Unfähigkeit zu trauern". Hilfreich jedenfalls ist das „heitere Gemüt". Zahllose Menschen werden mit ihren negativen Erfahrungen nicht fertig und quälen sich endlos ab und in die psychosomatischen Folgen hinein. Längst wissen wir ja, was der sogenannte „Leidensdruck" in uns anzurichten vermag.

Also: Wie wird man hundert Jahre alt?

Indem man bescheiden und unauffällig vor sich hin existiert? Indem man ganz einfach die Dezennien als Kalenderblätter an sich vorbeiflattern läßt, ohne ihnen besondere Aufmerksamkeit zu widmen? Wie steht man ein ganzes Zeitalter durch, das an Katastrophen nicht gerade arm gewesen ist? Hat man eben noch Kaiser Wilhelms Glanz und Gloria bejubelt, wird man gleich darauf vom Ersten Weltkrieg überwältigt und auf Hungerration gesetzt. Kaum ist der Krieg verloren, ist auch das Ersparte futsch. Statt dessen bekommt man eine Republik, für die Engagement oder auch nur Sympathie aufzubringen den meisten ihrer Bürger zuviel verlangt erscheint. Insofern hat es der neue Kaiser Adolf I. mit seinem Versprechen einer Erneuerung des untergegangenen Reiches leicht, Zulauf zu gewinnen. Daß „Staatsfeinde" eingesperrt werden, interessiert die wenigsten, weil sie selber staatstreu sind, weder aufmüpfig noch widerständig. Man bekommt außer einem Arbeitsplatz noch eine Autobahn und Brot und Spiele, und daß die Juden aus der Öffentlichkeit verschwinden, gilt der Mehrheit kaum als Verlust. Zwar bricht erneut ein Krieg aus, aber dafür wird an allen Fronten gesiegt, und man arrangiert sich mit den gerade noch erträglichen Umständen. Etwas später im Luftschutzkeller, inmitten der zerbombten Städte, läßt die Stimmung nach. Die Verkündung eines deutschen Millenniums erfährt die Widerlegung nach einem historisch kurzen Moment. Erneut ist das Geld wertlos. Man haust in Ärmlichkeit und hofft auf eine bessere private Zukunft. Vorwürfe der Siegermächte, man hätte Massenmord und Terror ignorant hingenommen, überhört man. Jeder ist sich selbst der Nächste; man muß sehen, wie man über die Runden kommt. Persönlich begibt man sich in die Opferrolle, um mit dem Geschehenen unbesorgter umgehen zu können. Man räumt die Ruinen weg, voller Sehnsucht nach der friedlichen Vergangenheit, diesem verlorenen Paradies. Aber man kann es wiedergewinnen, falls man sich ein bißchen Mühe gibt. Und siehe: Es gelingt! Die Zeiten der Ruhe und Gemütlichkeit brechen an, man kann sich manchen Wunsch erfüllen und kann vor Toresschluß befriedigt auf ein „erfülltes Dasein" zurückschauen. Weil unser Erinnerungsvermögen sowohl ein Magier als auch ein Dieb ist.

Unangenehmes wird im Kopf ausgelöscht, zumindest reduziert, so daß es im Gedächtnis die Bedrohlichkeit einbüßt. Wie mit einem Zauberstab verwandelt wirken Erlebnisse selbst von der schlechtesten Sorte. Das Gedächtnis umhüllt Vergangenes mit einer freundlichen Aura, so daß es mit der einstigen Wirklichkeit kaum noch Ähnlichkeit hat – falls man das Erinnerte mit der versunkenen Realität vergleichen könnte. Verloren und vergessen die Stunden vergeblicher Unternehmungen, die Bedrückungen des Gescheitertseins überstrahlt von den seltenen Glücksmomenten, von Ferienfreuden, von frohlichen Feiern. Diese unsere Schwäche ist zugleich unsere Stärke, da wir durch die nachträgliche Bearbeitung unseres Lebenslaufes die umfassende Depression vermeiden. Freilich ist der Besitz an Erinnerungsschätzen, wie auch der weltliche Besitz, ungleichmäßig verteilt. Überwiegt das Erlittene, durch emotionalen Schmerz dem Individuum brutal eingebrannt, vergiftet es die Tage und Nächte. Solchermaßen ist mit keinem hundertsten Geburtstag zu rechnen.

Ein zusätzlicher Zaubertrick unserer Natur besteht darin, daß wir weder in unseren Träumen noch in unserem Alltagsempfinden unseres wahren Alters innewerden. Irgendwann um die Lebensmitte verfestigt sich unser Selbstporträt. Wir bleiben für uns selber „for ever young". Man muß bezweifeln, daß sich Hundertjährige hundert Jahre alt fühlen. Selbst vor dem unvermeidlichen Spiegel meint man trotz der Falten und Schrunden und der weißen Haare sein vormaliges Gesicht zu erkennen. Im Grunde hat man mit dem Geburtsjahr im Ausweis nichts zu tun. Wir belügen uns jedoch nicht bewußt. Eine geheimnisvolle Macht hat uns auf einer mentalen Stufe unseres Seins angehalten, und kein Foto kann uns vom Gegenteil überzeugen.

Aber, und da melde ich das große ABER, sobald wir diesen abgenutzten Körper in Bewegung setzen, schokkiert uns seine, mit unserem Selbst nicht übereinstimmende Zögerlichkeit und Unsicherheit. Fuß vorsichtig vor Fuß setzen – dabei sind wir doch noch gestern gelaufen „wie eine Biene". Das Nachlassen der Sehkraft, des Gehörs: nichts vollzieht sich unvermittelt und plötzlich, sondern nahezu unbemerkt und kontinuierlich. Bis die Komplikation, einen Gesprächspartner zu verstehen, überhandnimmt. Man unterstellt ihm, er rede zu leise, um so unsere Schwerhörigkeit zu leugnen. Man braucht eine Brille, weil die Buchstaben, uns zum Tort, ständig

kleiner gedruckt werden. Um Ausreden über unseren leiblichen Verfall sind wir nie verlegen.

Der Rückgang der Potenz, des sexuellen Verlangens, bedeutet die am stärksten einschneidende Zäsur. Vordem ahnten wir nicht, wie wesentlich unsere Energie, unsere Antriebe vom Trieb abhängen. Der zunehmend unfreiwillige Verzicht verändert das Verhalten zwischen den Geschlechtern. Der belebende Eros stirbt ab; man wird zum Neutrum. Man scheidet aus einem Spiel aus, durch das man animiert gewesen war. An seiner Stelle entwikkelt sich Distanz, Abstand, Gleichgültigkeit.

Sexualität ist aufs engste mit dem Selbstverständnis verknüpft, und ihr Verlust erzwingt einen Wandel in eben diesem Selbstverständnis. Wohl eine der schwierigsten Aufgaben für den Alternden, diesen Abschied zu akzeptieren.

Einsichten begleiten ein einziges Wörtchen: „Früher". Früher habe ich noch, konnte ich noch, durfte ich noch, fiel es mir leichter, war es kein Problem, ging es mir von der Hand. Daß man dem einstmals gewohnten Umfeld nachtrauert und es zum Vergleich zur Gegenwart „besser" findet, hängt unabweisbar mit dem eigenen Befinden zusammen. Jede Vergangenheit trägt das Signum des Junggewesenseins. Nun fehlt einem die Kraft, in einem Zug die Treppen hochzusteigen. Das sogenannte „Beste Alter" geht eine unauflösliche Ehe mit Zuständen und Umständen ein, es entsteht eine Symbiose, ein unkündbarer Pakt im Guten wie im Bösen. Helfershelfer dabei ist das Kurzzeitgedächtnis, das dem Langzeitgedächtnis mehr und mehr das Feld überläßt. Das Damals taucht deutlicher umrissen im Gehirn auf als das Vorgestern. Auskunft darüber zu geben, was man neulich zu Mittag aß, erfordert eine kaum zu vollbringende Leistung, wohingegen eine exakte Mitteilung über den Aufmarsch des Schützenvereins im Herbst 1929 ohne weiteres möglich wäre. Daß Vergangenes verklärt wird, reicht bis ins Herz der Finsternis hinein. Wer jemals den Unterhaltungen von Kriegsteilnehmern, von Frontkameraden gelauscht hat, wundert sich gewiß über die Ausblendung des Schrecklichen und über die Betonung des Gemeinschaftserlebnisses. Dieses „Weißt du noch?" klingt stets versöhnlich und sentimental und beschweigt das Ungeheuerliche, um das Heiter-Anekdotische hervorzuheben.

Orte, die man besucht hatte, Landschaften, durch die man reiste, verwandeln sich zu Ansichtskarten-Schönheiten. Wiedergesehen, schaffen sie Enttäuschung. Alles scheint sich verändert zu haben, ohne daß der Betrachter ahnt, die Veränderung habe in ihm stattgefunden.

Wird der Mensch, wie es unbedacht und summarisch heißt, im Alter tatsächlich weise? Dann müßte ihm jedes durchlebte Jahrzehnt zu einem enormen Zuwachs an Einsichten verhelfen. Selbst wenn dem so wäre – was ich bezweifle –, so hätte diese Weisheit nur geringen Gebrauchswert, weil sie zur Vermittlung nicht im mindesten taugt. Der besagte „reiche Schatz an Erfahrung" besteht hauptsächlich aus einer ungültig gewordenen Währung. Möglichenfalls kann man insofern „weise" werden, indem man aus eigenem Erleben Lehren zieht. Aber diese Lehren unterliegen einem Verfallsdatum. Und ihr Resümee konzentriert sich in dem Geständnis, es lohne nicht, sich in den Weltengang einzumischen. Man ernte dabei nur Undank, falls nicht gar Schlimmeres. Und da die Jugend ohnehin nicht auf das Alter hören will, muß sie selber diese „Altersweisheit" (eine recht resignative) für sich neu entdecken. Jede Generation steht immer wieder am Anfang eigener Irrtümer und Irrwege.

Der alte Mensch, auf den keiner mehr was gibt, ist mit einem unüberwindlichen Handicap geschlagen: Er bleibt Geisel seiner gewesenen Erlebniswelt, die ihn nie mehr freiläßt. Und sogar jene, denen es gelänge, diese Sperre zu durchbrechen, befänden sich in einer ihnen unverständlichen Freiheit. Die Umstände haben sich verändert wie auch die Sprache nebst dem ihr zugehörigen Denken. Dem Alten, dem Uralten erginge es wie Rip van Winkle, der während einer Wanderung in einer Höhle nächtigt, um erst nach einem Jahrhundert zu erwachen. Er hat die Zeit ahnungslos verschlafen. Heimgekehrt in sein Städtchen, kennt er niemanden mehr, und niemand kennt ihn. Das gehört zu den „Weisheiten" der Märchen. „Und wenn sie nicht gestorben sind, so leben sie noch heute …" – mit diesem zwiespältigen Trost schließen die meisten, dem Tapferen und Braven ein langes Dasein in Aussicht stellend. Aber ist das wünschenswert?

Sobald unser gewohnter Sozialverband geschwunden und durch andere Übereinkünfte ersetzt ist, finden wir uns nur schwer zurecht. Einst bot die Familie eine Stütze, bot den sanften Übergang zum Abscheiden, doch mit dem Zerfall der Großfamilie, mit der Tendenz zu ständig kleineren Gruppierungen, zum Singletum, vereinsamt der Altgewordene zwangsläufig. Und Altersheime, euphemistisch „Seniorenpensionen" genannt, erweisen sich nur zu häufig als Abstellgleise, oftmals einem gefühllosen, rigiden Personal ausgeliefert. Man benötigt eine ganze Menge Geld, um ins gepflegte Ghetto der Greisinnen und Greise einzuziehen.

Das künftige 21. Jahrhundert wird sicherlich repressiver mit den Alten umgehen. Schon erreichen uns aus anderen Ländern ungute Nachrichten. Ab einem gewissen Alter werde der Patient sich selber und seinen Krankheiten überlassen. So fällen anonyme Behörden reihenweise Todesurteile, und setzen, in sience-fictionhafter Manier, die Existenzgrenze für den Mitbürger fest.

Die Ankündigung von Biologen und Gentechnikern, das Sterben hinausschieben zu können, klingen zwar glaubhaft, werden aber der Kosten wegen kaum für jedermann erschwinglich sein. Die schrumpfende medizinische Versorgung und eine gleichzeitige Lebensverlängerung passen keineswegs zueinander. Allein der Zahlungskräftige wird in „alter Frische" hinter dem Ofen ausharren dürfen. Und die Abkassierer haben bereits ihre Startlöcher verlassen und beglücken die hiesige Menschheit mit „vertraulichen Gesundheitsinformationen", mit den „Formeln der ewigen Jugend". Was liest der Empfänger in einer solchen Flugschrift? Ein Pharmakologe teilt mit: „Ich kann Ihnen nun berechtigt vorhersagen, daß die Verlängerung menschlichen Lebens zum Greifen nahe ist." Vor allen Dingen, wenn man bis zu seinem zweihundertsten Geburtstag den Förderpreis von 90 DM im Halbjahr bezahlt.

Älter zu werden bedeutet nicht, klüger zu werden. Wie in unseren Breiten der Alte den Jungen nicht mehr begreift (und *vice versa*), so wird sich dieses Unverhältnis in immer kürzeren Zeitabständen wiederholen. Der Wechsel der Moden, der Technik, rasant beschleunigt, ist verantwortlich für die raschere Entfremdung innerhalb der Populationen.

Ist es nicht eigentlich gegen die Natur, sich Dauer erschleichen zu wollen? Freilich steckt hinter dieser Absicht das verborgene, seit eh und je durch die Geschichte geisternde Verlangen nach Unsterblichkeit. „Menschen – Göttern gleich" war der Titel eines Buches des Utopisten H. G. Wells, und seit sich unsere Gattung schon frühzeitlich den Mythos von unsterblichen Olympiern schuf, hat sie sie um deren Status beneidet. Jede nachfolgende Religion hat an diese ungeheuerliche Fantasie angeknüpft. Das Mittelalter malte sich den „Jungbrunnen" aus, in den man klapprig und tattrig steigt, um auf der anderen Seite leiblich renoviert herauszuklettern. Ewiges Leben jedoch garantierte einzig das Jenseits, das allen Gläubigen offenstand. Selbst das Fegefeuer, das beängstigende Inferno diente dieser fixen Idee. Immer noch besser, in der Hölle zu schmoren, als das „nichtende Nichts" anzuerkennen, von dem es keine Erlösung gab.

Für die Atheisten, für die säkulare Gesellschaft, der Gott abhanden gekommen ist, erweist sich nun die Wissenschaft als zuständig in Glaubensdingen. Sie winkt mit diversen Möglichkeiten, die Erdenfrist bei Bedarf zu prolongieren. Man kann sich klonen lassen, den Klon gleicherweise behandeln und so weiter und so fort – als bliebe man bei diesem Vorgang das immer selbe Individuum. Auch die Tiefkühltruhe wird als Instrument einer künftigen Auferstehung empfohlen. Wer sich einfrieren läßt, könnte, falls nicht ein technisches Malheur passiert, andere Mitverfrostete, wie etwa Walt Disney, irgendwann wieder treffen. Just derartig spekulative Perspektiven sind der Wissenschaft zum Religionssubstitut geworden. Und sie verlangen, wie jede Kirche, Vertrauen in die Verkündigungen. Dennoch: wir müssen ein „dennoch" einschalten, pflegen die Entwicklungen meist keineswegs so zu verlaufen, wie sie versprochen werden. Jede frohe Botschaft zeigt bald ihre Kehrseite, die, wie man es später entschuldigend bezeichnet, „nicht voraussehbar" gewesen ist. Einmal kommt doch für jeden der Tag, wo wir einer romantisch formulierten Aufforderung zu gehorchen haben: „Weh, daß wir scheiden müssen …"

In den Industriezivilisationen hat man die Kunst des Sterbens verlernt. In der Maschinerie einer Intensivstation ist sie ja auch überflüssig.

Ich frage mich, ob ich hundert Jahre alt werden möchte. Bedenke ich es recht, hätte ich davor Angst. Wir haben in Europa den Zenit unseres Wohllebens, unserer Wohlfahrt überschritten und haben die Talfahrt begonnen. Von Gleichaltrigen höre ich, sie seien froh, nicht erleben, sprich erleiden zu müssen, was auf uns zukommt. Auf diesem untergangssüchtigen Planeten länger als nötig zu verweilen wäre unsinnig. Die Hoffnung auf eine friedfertige, friedliche Erde hat sich als Illusion entpuppt. Die human gemeinten Utopien haben sich als mörderische Unternehmen entlarvt. Der Prozentsatz des allgemeinen Unglücks übertrifft den des Glücks ums Zehntausendfache.

Jeder, der in unseren letzten gemeinsamen Dezennien seinen hundertsten Geburtstag gefeiert hat, kann sich selber gratulieren. Was morgen sein wird, wird keine Ähnlichkeit mehr mit unserer sich verdüsternden Gegenwart haben.

„Warum die Zukunft uns nicht braucht", behauptet die FAZ vom 6. Juni 2000 und meint mit einem endlosen, ziemlich verblasenen Aufsatz des Amerikaners Bill Joy, die Technologien machten den Menschen zur gefährdeten Art. Imaginiert wird ein Geschöpf, halb Roboter, halb Mensch, als Übergang zur reinen, ausschließlich existierenden und sich selber unentwegt fortzeugenden Maschine, der Emotionen fähig, eigener Logik und Vernunft gehorchend. In diesem Denkansatz steckt unwidersprochen ein Grundirrtum. Eine Maschine ist ein Mutant, als Nachfolger des Menschen unterläge er nämlich all dem, was den Menschen ausmacht. Und damit

wäre solcher Maschine die Ewigkeit und Unsterblichkeit verwehrt.

Alles Menschliche, Menschenartige unterliegt den unaufhebbaren Naturgesetzen, vor denen man sich für eine Weile drücken kann, und denen man doch nicht entgeht.

Ein langes Leben über ein Jahrhundert hinaus, ein Leben mit Höhen und Tiefen, Freuden und Sorgen ist mehr und mehr wert als das Zusammenspiel brillantester Computer. Ein irgendwann hundert Jahre altes Gerät ist dem Ebensoaltgewordenen unvergleichbar. Der Unterschied besteht darin, daß der Altgewordene mit dem Blick individueller Erfahrung eben über diese zu berichten vermag. Ein Zeitzeuge, Zeuge des Jahrhunderts, hat uns gewiß Bewegenderes mitzuteilen als ein Substitut von der elektronischen Stange mit auswechselbarem „Innenleben". Wer einen langen Zeitraum durchschritten hat, hat vieles subjektiv gesehen, aber eine objektive Sicht ist unmöglich. Doch aus der Summierung des Gesehenen setzt sich das Mosaik der Historie zusammen. Wir lauschen dem Wort der noch Lebenden, weil sie uns mehr zu sagen haben als Statistiken, Listen, Hochrechnungen, Abrechnungen. Das „Dabeigewesensein" in einer fernen Vergangenheit bringt etwas von dieser Vergangenheit reanimiert zurück. Hundert Jahre alt – hat das nicht den Klang einer Legende, ohne die wir ärmer sein würden? Und fehlte uns nicht etwas ohne die Hieroglyphen in den Gesichtern der Genossen einer anderen Zeit?
Die Antwort ergibt sich von selbst.

Übersicht

Gesamtgestaltung
Hendryk Spanier, Weimar

Fotonachweis
Porträtfoto Wenzel-Orf : Martina Stanscheck
Alle anderen Fotos
und Reproduktionen: Harald Wenzel-Orf

Der Econ Verlag ist ein Unternehmen
der Econ Ullstein List GmbH & Co. KG, München

1. Auflage 2000

ISBN: 3-430-19587-X

© Econ Ullstein List Verlag GmbH & Co. KG, München

Lektorat
Krista Maria Schädlich

Lithografie
MEDIEN PROFIS, Leipzig

Druck und Bindung
Offizin Andersen Nexö Leipzig, Zwenkau